呼和浩特博物院

呼和浩特博物院

院藏文物集萃

呼和浩特博物院 编

武高明 主编

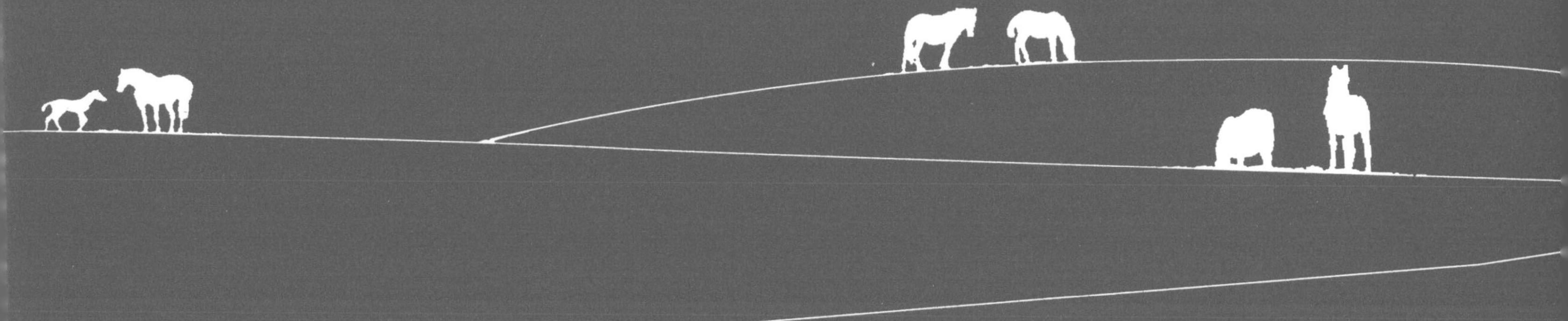

文化藝術出版社

Culture and Art Publishing House

《呼和浩特博物院院藏文物集萃》编委会

目 录

序言

“呼和浩特”是蒙古语音译，意为“青色的城”，地处祖国北部边疆，是内蒙古自治区首府，全国民族团结进步模范城市，国家历史文化名城。呼和浩特历史悠久，文化底蕴深厚，有着两千多年的文字记载和建城历史。大窑遗址是我国发现年代最早、规模最大的古代石器制造场，距今50万年之久。战国时期建云中郡，是呼和浩特最早建设的城市，距今约2400年；北魏时期在和林格尔建盛乐城，是北魏第一座都城；辽金元时期建丰州城，是中国北部边疆城市文明的前沿；明代建呼和浩特城（音库库和屯），明廷赐名归化，清代在归化城附近另建绥远城，1913年两城合并为归绥县，1928年为绥远省省会，时称归绥，1949年和平解放，1954年恢复原名呼和浩特。呼和浩特名称的本身，就体现着厚重的历史文化。呼和浩特市拥有丰厚的文化资源，现有国家级文物保护单位21处，自治区级文物保护单位69处，盟市旗县级文物保护单位75处。呼和浩特市现有各级各类备案博物馆30家，登录藏品总量420504件/套，其中珍贵文物6491件/套。呼和浩特博物馆、将军衙署博物馆、公主府博物馆、五塔寺博物馆、丰州故城博物馆、昭君博物院整合为呼和浩特博物院，将各馆的优势特色充分发挥出来，让文物走出库房，让文物真正活了起来。

由呼和浩特博物院编著的《呼和浩特博物院院藏文物集萃》，正是让呼和浩特文化遗产“活”起来、“火”起来的一部代表性著作。该书立足于呼和浩特市文化遗产资源，按照时间序列分为四个部分，分别为远古至秦汉时期、魏晋南北朝隋唐时期、宋辽夏金元时期、明清民国时期，通过这些珍贵文物，全方位反映呼和浩特的历史文化信息。书中重点介绍了呼和浩特市的大窑遗址、托克托县海生不浪遗址、辽丰州故城遗址、将军衙署出土及遗留的珍贵文物，其中春秋的“双驼首青铜短剑”，战国的“郢爰”金币、“蔺”字布币、虎首错银青铜带钩，战国的青铜豆，汉代的青铜鼎、彩绘人物纹陶奁、“见日之光”铜镜，魏晋的“太和十六年”瓦当头、双羊五轮金饰牌、鹿纹玉牌，宋辽的耀州窑青釉斗笠碗、“千秋万岁”铜

钱、三彩印花海棠式盘、牛郎织女纹铜镜，元八思巴文铜印、中统元宝交钞纸币、净州路五十两银铤、青花折枝花卉纹高足杯，明代的文徵明虎丘即事诗图册、青花璎珞纹罐，清布公文袋、绥远城将军德勒克多尔济功德牌、御制“昭庆寺咏”墨、粉彩绿釉轧道花卉纹碗等珍贵文物，是这部著作展示的亮点，十分罕见。通过这些文物，我们可以真实地看到呼和浩特历史文化的发展面貌，深层次地认知中国北方各民族交往交流交融的历史，感受到了中华优秀传统文化的博大精深。

一城见北疆，呼和浩特城市建设的历史，就是一部各民族共同开发、共同建设祖国北部边疆的宏大历史篇章。习近平总书记强调，推动中华优秀传统文化走出去，不能停留在舞个狮子、包个饺子、耍套功夫上，不能满足于向国外提供一些表层的文化符号上，关键是要把优秀传统文化的精神标识提炼出来、展示出来，把优秀传统文化中具有当代价值、世界意义的文化精髓提炼出来、展示出来。我们要充分发掘呼和浩特丰厚的文物资源，立足于呼和浩特大窑遗址、云中郡、王昭君、敕勒川、盛乐城、丰州城、将军衙署等知名历史文物古迹，阐释百万年的人类史，一万年的文化史，五千年的文明史，讲好历史上各民族交往交流交融的历史故事，构筑中华民族文化认同的坚强堡垒，以坚定历史自觉，增强文化自信。呼和浩特博物院编的《呼和浩特博物院院藏文物集萃》，正是讲好中华文明故事、有效传承中华优秀传统文化的生动范例，也是深度打造呼和浩特文化标识的重要举措。本书的付梓，最重要的是让社会大众通过认知历史文化的代表性载体——文物，在厚重历史中触摸呼和浩特历史文脉，更好地弘扬中华优秀传统文化，这也正是有效贯彻落实习近平文化思想的生动实践，具有重要意义。

内蒙古博物院名誉院长　内蒙古师范大学教授　陈永志

2024年6月24日

前 言

内蒙古自治区首府呼和浩特地处祖国北部边疆，是1986年国务院公布的第二批国家历史文化名城。历史上，这里曾是中国古代北方游牧民族活动和中原王朝开发边疆的重要场所。在这一地区各个历史时期的文物，多方面、多角度反映了呼和浩特的历史变迁和文化异彩，留下了中华文明演进与发展的历史足迹，生活在这片土地上的各民族共同书写了交往交流交融的波澜壮阔的史诗，为中华民族多元一体格局的形成和发展做出了重要贡献。

1990年，市政府成立呼和浩特博物馆，在清和硕恪靖公主府办公；2021年，呼和浩特博物馆与内蒙古自治区将军衙署博物院整合，成立（原）呼和浩特博物院；2023年，呼和浩特市文物保护与考古研究中心和（原）呼和浩特博物院重新整合组建为呼和浩特博物院（挂内蒙古自治区将军衙署博物院、呼和浩特市文物保护与考古研究中心牌子）。2024年，呼和浩特博物院被评为国家一级博物馆，同年加入国际博物馆协会。

呼和浩特博物院是全方位展现城市优秀历史文化的重要场所之一，也是全市最大的文物征集、收藏、保护、研究和展示、教育的公共文化服务机构，承担着传承中华文明和北疆历史文化的职责使命。

呼和浩特博物院采用集一院六馆的总分馆运营模式。在总院的带领下，呼和浩特博物馆、将军衙署博物馆、公主府博物馆、五塔寺博物馆、丰州故城博物馆、昭君博物院，充分发挥各馆优势，呈现各自特色。通过这样的机构改革方式，充分整合文物资源，提升了文物展示力度，形成了更科学完备的藏品体系，有效利用文物藏品，力求让文物走出库房，让文物真正活起来。

目前，呼和浩特博物院院藏各级各类文物共计141781件（套），藏品数量众多，藏品体系完整，其中入藏文物的时代序列完整，功能用途多元，质地、类型丰富，民族民俗文物专题特色突出，极具艺术价值和时代价值。

其中，呼和浩特地区具有重要价值考古遗址出土的文物系列有：如呼和浩特市

新城区的大窑遗址、赛罕区巴彦镇添密梁墓地、托县海生不浪、托县章盖营、托县黑城乡、托县中滩乡丁家窑、 土左旗古城村、土左旗沙尔沁、土左旗白庙子、土左旗察素齐以及丰州故城等各类遗址出土文物；呼和浩特博物馆、昭君博物院匈奴、汉代及元代系列文物；将军衙署博物馆明清文物系列；呼和浩特博物馆杨鲁安珍藏文物系列等。这些院藏文物其时代上自旧石器时代，下至明清民国，各阶段出土的历史文物以及陆续征集入藏的近现代历史文物，能够全面、系统、完整地展现呼和浩特历史文化的发展面貌，展现出北疆文化的亮点和精髓。

以大窑遗址为代表的旧石器时代遗址，将内蒙古地区人类活动的历史推溯到了距今50万年，这表明内蒙古阴山南麓一带是人类早期活动的重要地区之一，也证明了内蒙古地区是中华民族文明的发祥地之一。匈奴、鲜卑、突厥、契丹、女真、蒙古等特征鲜明的文物也见证了呼和浩特这片沃土上各民族交流交往交融的发展历史。随着各民族联系的日益密切，文化交流的日益深入，呼和浩特逐渐发展成为多民族跨区域多向交流的重要地域。以双羊五轮金饰牌、鹿纹玉牌饰、灰陶菩萨头像及砖雕盘龙柱等文物为代表，共同见证了呼和浩特地区民族交融的历史佳话。明清时期文物及民国时期民俗文物，为研究和认识呼和浩特城市发展及社会历史变迁、北疆地区移民史、西口文化提供了重要的实物资料。此外，以佛教艺术、昭君题材年画为典型代表的大量民族、民俗实物资料，形成了独具特色的院藏序列。

书中收录的这些珍贵文物充分反映了呼和浩特悠久的历史和多彩的文化，通过展示与研究，让文物说话，进一步深入挖掘城市文脉，深刻阐释首府独特的地方文化特质，讲好青城故事，全面提升文化能级，促进呼和浩特市文博事业高质量发展。

呼和浩特博物院院长　研究馆员　**武高明**

远古至秦汉时期

呼和浩特地区是古人类活动的重要区域，位于新城区保合少镇的大窑遗址，距今50万年之久，是内蒙古发现的最早的古人类活动遗址，是呼和浩特市旧石器时代遗址的代表。到春秋战国时期，云中城建立，标志内蒙古中南部地区逐步形成了农耕文明与游牧文明的碰撞地带。秦汉时期，为加强北部边疆开发和治理，中原王朝在黄河沿岸设立云中郡、定襄郡，修筑长城，屯田戍边，使呼和浩特地区逐步成为草原丝绸之路东西方交流中的重要节点；胡服骑射、昭君出塞等历史佳话反映出各民族在碰撞和交往中促进了交融。

龟背形石刮削器

旧石器时代 \ 长4.2厘米 宽4厘米 厚2厘米 \ 呼和浩特市保合少镇大窑村出土

石质。状似龟背。劈裂面平坦，背面隆起，周边有刃。此器采用从劈裂面向背面的多面加工方式制成，可用于剥兽皮、刮兽肉和加工皮革等。龟背形削刮器是大窑文化的典型器物。

铲形石刮削器

新石器时代 \ 长8厘米 宽7厘米 \ 呼和浩特市托克托县海生不浪遗址出土

石质。多边形。前端凹陷似铲，刃面薄而尖锐，两侧边缘至脊逐渐增厚。此器是将石料以打制法加工而成，主要用于剥皮、切割和刮削，是当时主要的生产工具。

柳叶形尖状石器

新石器时代 \ 长12厘米 宽4厘米 \ 呼和浩特市托克托县中滩乡采集

石质。叶形，整体基本对称。器身中部略宽、起脊，两端渐收、薄而尖锐。在制作时，沿石片相邻的边加工成锐尖状，中部便于抓握。此器为早期人类用于挖掘、割剥的工具。

磨光石斧

新石器时代 \ 长20.4厘米 刃宽8.2厘米 厚4.2厘米 \ 征集

黑褐色岩石磨制而成，石质细硬，表面磨光，器型规整。整体略呈梯形，顶窄刃宽，中圆鼓。斧是原始社会主要的生产生活工具，作砍砸、加工之用，在金属工具出现之前被广泛使用。

石夯锤

新石器时代 \ 长19厘米 宽12厘米 厚6厘米 \ 征集

石质。呈水滴形。一端圆钝，另一端尖锐，圆钝处居中有一圆形钻孔。为磨制法制成。

带孔石刀

新石器时代 \ 长12厘米 宽5厘米 厚0.3厘米 \ 呼和浩特市太平庄乡白塔村出土

石质。略呈长方形的扁平体。在两边较长的一侧磨出双面刃，刀背平直，刀刃略弧，使用痕迹明显；刀身中上部有三个钻孔，使用时从钻孔中穿入绳索固定。

碧玉玦

新石器时代（红山文化）\ 长5厘米 宽4.6厘米 厚0.5厘米 \ 征集

玉质。绿色。外郭呈方形环状，中间穿孔，一侧有一缺口。璧缘较薄，环光素无纹。玉质细腻、油润，靠近外侧边缘有一圆孔，作系绳佩戴之用。

碧玉璧

新石器时代（红山文化）\ 外径10.5厘米 内径4.5厘米 厚1.4厘米 \ 征集

玉质。灰绿色。器型规整，整体打磨光滑；环肉中间较厚，内外边缘略薄；素面无纹，玉质温润。早期玉璧多用于祭祀，是我国传统玉礼器之一，也是“六瑞”之一。

双联玉璧

新石器时代（红山文化）\ 长12.4厘米 宽7.2厘米 厚0.6厘米 \ 征集

玉质。呈青白色。扁平双环，上窄下宽，中部皆有圆穿孔，两侧联处雕琢对称窄缺口，边缘有刃；局部有土沁及绺裂，顶部圆形穿孔用于悬挂或佩戴。

双系彩陶壶

新石器时代 \ 口径5厘米 腹径11.5厘米 底径6厘米 高11厘米 \ 捐赠

陶质。侈口，短颈，溜肩，鼓腹，平底，从口到肩有对称双系。器型规整，器表光滑。壶身腹部以黑彩中间留白方法绘出长方形，长方形内外绘制网格纹。黑彩中间留白的部分露出底胎，彩绘与留白的巧妙运用体现了制作者精巧构思和高超技艺。

双耳彩陶罐

新石器时代 \ 口径12.1厘米 底径13厘米 高37.7厘米 \ 杨鲁安先生捐赠

陶质。敞口，短颈，溜肩，鼓腹，平底，器身中部有对称双耳。胎质细腻，高温烧制后呈现砖红色，口沿到下腹部表面分布有彩绘纹饰。主体纹饰为四面圆形旋涡网格纹及波浪纹，纹饰线条流畅，极富动感。

双系彩陶壶

新石器时代 \ 口径9.3厘米 腹径13厘米 底径8厘米 高16.5厘米 \ 捐赠

陶质。侈口，短颈，溜肩，鼓腹，平底，口沿、颈部交界处有对称双系。肩部装饰两道弦纹，腹部表面彩绘菱形纹饰并列重叠，色彩相间，古朴有趣。新石器时代先民用简单抽象的几何图形表达对未知世界的探索和想象。

绳纹陶鬶

夏 \ 口径11.6厘米 高15.6厘米 \ 杨鲁安先生捐赠

夹砂灰陶，口沿内折，斜短流，对称贴塑双耳，矮裆部，三袋足，袋足短粗，足中空。腹部拍印竖绳纹，排列规整，疏密有致。陶器表面装饰花纹除了为了美观，还能起到加固或方便搬动的作用。

饕餮纹半规瓦当

春秋 \ 直径18.7厘米 缘宽1厘米 高9.4厘米 \ 杨鲁安先生捐赠

泥质灰陶。半圆形，窄边缘。缘内饰饕餮纹，饕餮巨目呈椭圆形，外有一周凸线构成眼眶，宽鼻、阔口、卷舌，形象凝重醒目，当面纹饰繁缛饱满，有明显的浮雕感。

山云纹阔缘半规瓦当

春秋 \ 直径19厘米 缘宽3.5厘米 高10.3厘米 \ 杨鲁安先生捐赠

夹砂泥质灰陶。半圆形，边轮阔平。中饰双层火焰形山纹，山纹两侧装饰卷云纹，浮夸抽象，呈金字塔式构图方式。

树木花卉纹半规瓦当

春秋 \ 直径15厘米 缘宽1厘米 高7厘米 \ 杨鲁安先生捐赠

半圆形陶瓦。树纹位于当面中央；由一组“V”形线组成扇形树冠；树干上接树冠下连树根；树根呈卷云纹状。树纹两侧为花卉纹，整个画面布局疏密得当，生动自然。

树木乳钉纹半规瓦当

春秋 \ 直径18厘米 高8.9厘米 \ 杨鲁安先生捐赠

半圆形，窄边缘。瓦面纹饰由直线、曲线、乳钉变化组合而成。采取中轴对称构图形式，以树木为主纹样，树枝下端略作变形，间饰乳钉、三角、卷云纹样。形象简练，生动。

虎噬鹿形铜饰牌

春秋 \ 长11.4厘米 宽6.2厘米 \ 征集

青铜质。透雕。猛虎低头弓背，用粗壮有力的虎爪将鹿按倒在地，鹿身体扭曲，丝毫不得动弹。虎口下的鹿面对虎的噬咬，面露惊恐。整幅画面紧张而激烈，将大自然弱肉强食的生死之态表现得淋漓尽致。

人首纹青铜竿头饰

西周–春秋 \ 长10厘米 环直径4.5厘米 管銎口径2.6厘米 \ 征集

青铜质。圆雕。中空。饰件上端有一圆孔，圆孔下浮雕一人首，圆孔下浮雕一人首，粗眉小眼，高颧骨，鼻梁稍长。人首下方为细长圆銎，近銎口处有小钉孔，造型别致，装饰图案充满了神秘色彩。

青铜敦

春秋 \ 口径21厘米 高17.4厘米 \ 杨鲁安先生捐赠

青铜质。整体呈扁圆形，子母扣，由上下两个造型相同的深腹钵扣合，腹上部左右对称各有一圆环形耳。上体为盖，盖顶有六蛇支撑环形捉手，倒置后盛放食物；圈足亦是六蛇与环相连支撑。盖及器身饰有细密、多层规律蟠虺纹，纹饰细腻，工艺复杂。青铜敦是流行于春秋战国时期的盛食器和礼器，由鼎、簋的形制结合发展而成。

虎蛇相斗形铜带扣

春秋 \ 长6.5厘米 宽5厘米 厚0.5厘米 \ 征集

铜质。透雕。虎颈处饰有联珠纹，虎身阴刻旋纹。该虎四足立于两蛇之上，两蛇缠绕，蛇身饰连珠纹，一蛇口咬虎尾，虎回首张口露齿作咆哮状。

卧虎形青铜饰牌

春秋 \ 长11厘米 宽6厘米 \ 征集

青铜质。圆雕，虎作卧姿，粗壮的四肢伏于地，虎尾下垂，尾端上卷，双目炯炯有神，目视前方，随时准备一跃而起，虎身饰有线条，体现了强健的肌肉结构。

变体鸟形青铜饰牌

春秋 \ 长10厘米 宽8.2厘米 \ 征集

青铜质。整体图案为变体鸟造型，采用透雕技法，表面有镀锡工艺，呈亮白色，造型夸张，极富想象力。

鹰形青铜饰件

春秋 \ 长17厘米 宽12厘米 厚0.8厘米 \ 征集

青铜质。鹰呈展翅飞翔状，长喙弯钩，圆眼，侧头注视，张开的翅膀翎羽毕现，尾羽展开，饰有三角形纹，腹部有一孔，应是穿绳挂坠之用。

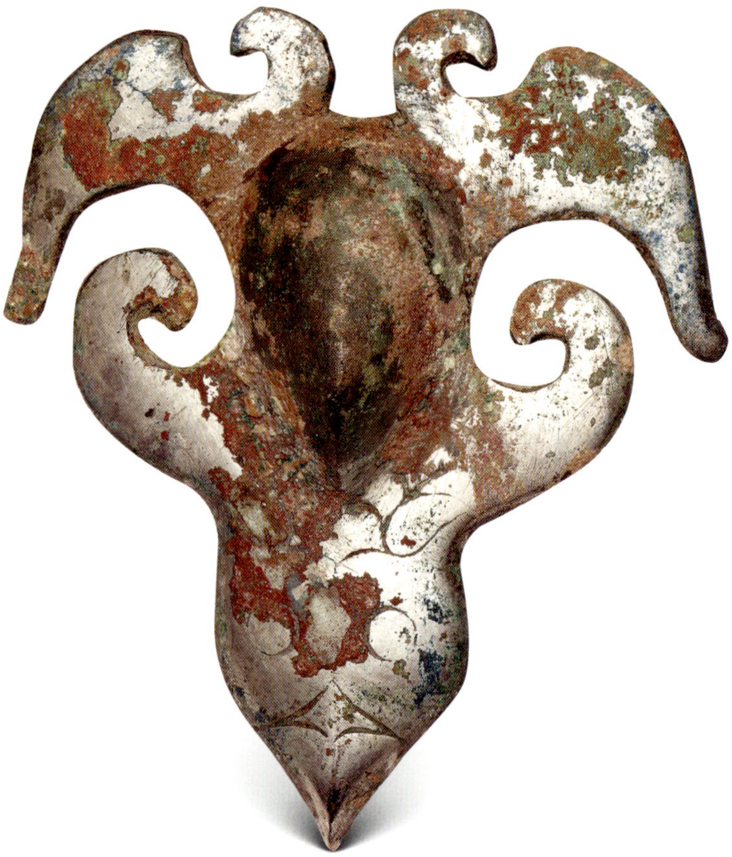

虎噬羊形铜饰件

春秋 \ 长14厘米 宽10厘米 高7厘米 \ 征集

青铜质。圆雕。虎呈匍卧状，三足紧紧压住刚刚捕获的羊，头微抬起，眼圆睁，嘴大张，露出锋利的虎齿，尽显王者风范。羊蜷缩成一团。虎噬羊是北方青铜器中常见题材，或平面或立体，本件是立体形象。

青铜短剑

春秋 \ 长37厘米 宽4厘米 \ 征集

青铜质。由身、格、茎组成。剑首饰蟠螭纹。剑茎扁平，剑格饰兽面纹。剑身直刃，中有脊，自剑格处向锋部渐收，前锋长而尖锐。

双驼首青铜短剑

春秋 \ 长32.5厘米 宽3.1厘米 \ 征集

青铜质。剑首为双驼首相背联结，驼首呈长嘴、圆眼。剑茎扁平，内有双股凹槽纹。剑格向外圆突，柳叶形剑身，中脊明显，长锋尖锐。

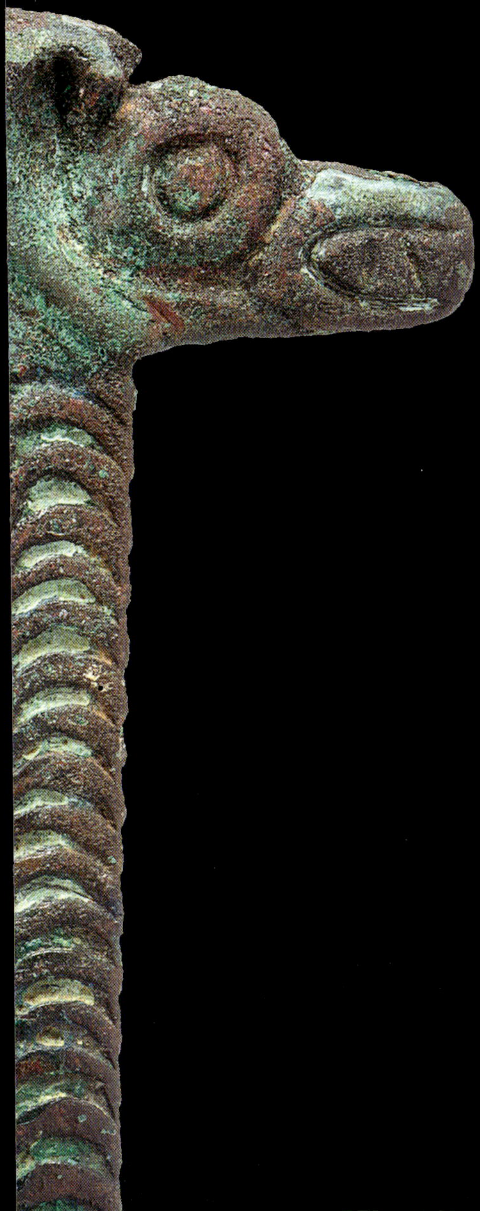

带鞘勾连云纹柄铜刀

战国 \ 长27厘米 宽2.2厘米 \ 征集

青铜质。刀身弯曲，方首处有一圆孔，弧背较厚，弧刃锋利，刀柄饰有勾连云纹。带鞘，刀鞘两侧镂雕几何纹，整齐斜向排列。

"右百□"青铜镞

战国 \ 长4.5厘米 宽1.2厘米 底径0.6厘米 \ 征集

青铜质。三翼镞，翼出刃，尾部銎孔，两刃之间有"右百□"铭文，第三字模糊不清。三翼之间形成的夹角带有血槽，极具杀伤力与穿甲能力，代表了春秋战国时期的冷兵器制作工艺的水准。

青铜戈

战国 \ 长20.5厘米 宽9.7厘米 厚0.4厘米 \ 征集

青铜质。长方形，直内，底端有圆形穿孔，前锋呈三角形，援上扬，胡较短，刃较锋利，中间无脊，近柄处有两处长方形穿，素面。青铜戈是青铜时代常用格斗兵器，能够大范围内挥击，能钩能啄、可推可掠，具有极强的杀伤性。

兽首青铜削刀

战国 \ 长7.2厘米 宽1.3厘米 \ 征集

青铜质。刀身与刀柄连为一体，直背，斜刃，宽柄，柄首作兽首形，长嘴，凸眼，双耳微弯曲。

镶绿松石青铜剑

战国 \ 长26.5厘米 宽3厘米 \ 征集

青铜质。剑身起脊，直达剑锋，剑刃至剑身约三分之一处内收，前聚成锋。剑茎纹饰增加摩擦，便于持拿，剑格及剑首表面镶嵌绿松石。

“郢爰”金币

战国（楚）\ 长1.9厘米 宽1.7厘米 厚0.5厘米 \ 杨鲁安先生捐赠

古代黄金货币。方形金版，有切割痕迹，币面钤刻“郢爰”两字阴文。“郢”为楚都城名，“爰”为货币重量单位。“郢爰”是楚国的一种称量货币，也是我国最早的原始黄金铸币，含金量在90%以上。使用时，根据需要将金版切割成零星小块，称量使用。“郢爰”金币在古代货币中，具有非常重要的历史文化价值。

青铜封泥筒

战国 \ 口径2.6厘米 高6厘米 \ 杨鲁安先生捐赠

铜质。呈筒形，由器身器盖两部分组成。盖顶部和器身各有一带孔纽，盖顶部阴刻两条弦纹。筒身阴刻一条弦纹为界栏，器身有错银字二行：“以之叀四十卌用子孙。”封泥筒形态小巧，用于盛贮钤盖封泥原材料胶泥，便于保持湿度且方便随身携带。

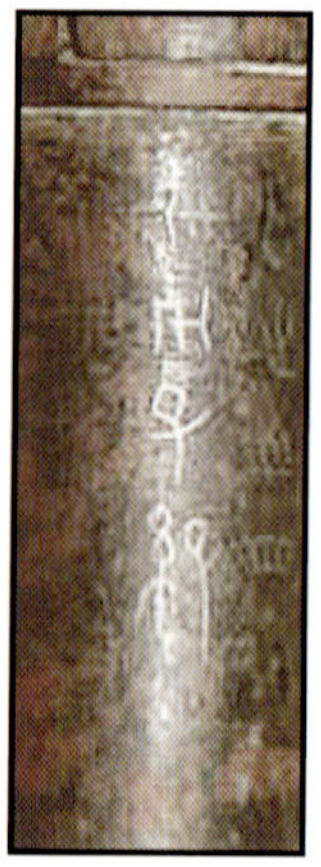

“北陆官”铜印

战国（晋）\ 印面边长1.4厘米 厚0.9厘米 \ 杨鲁安先生捐赠

铜质。印体正方，上方有桥纽。印面有阴线边栏、无界格。印文为篆体，右上起顺读。印文为“北陆官”。

“齐法化”铜刀币

战国（齐）\ 长18厘米 宽2.3厘米 厚0.4厘米 \ 杨鲁安先生捐赠

“齐法化”刀币是外形与刀相似的古代铜制货币，战国中期齐国铸行。尖首，背呈外凸弧形，刃部内凹，刀柄较刀身略窄，身柄基本等长，圆环刀尾，边廓隆起，身、柄接头处一线贯穿，无断缘现象。背上部三道水平横凸纹，中部一凸起铭文，刀柄两面均有脊纹两道。面阳文“齐”，指齐国，“法化”意为标准货币，“齐法化”旧释“齐圜化”，铸造工艺考究，厚重精美。

“白人”铜刀币

战国（赵）\ 长12.7厘米 宽1.3厘米 厚1.1厘米 \ 杨鲁安先生捐赠

青铜质。赵国都城邯郸所铸，刀体平直，背、刃略现弧势，刀首圆钝，故又称邯郸刀、圆首刀。刀柄有两道脊线，柄环扁薄呈立橄榄形，顶端平削。正面阳文“白人”，此种钱币铸于柏人邑，白人即柏人，“白人刀”的出现，反映了当时各诸侯国间频繁的交往及商品经济发展情况。

“蔺”铜圆足布币

战国（赵）\ 长7.5厘米 宽3.6厘米 厚0.2厘米 \ 杨鲁安先生捐赠

战国时期铸行于赵国的青铜平首布币，主要特点是圆首、圆肩、圆裆、圆足，故称之为“圆足布”或“圆首布”。圆足布是在尖足布的基础上发展而来的，二者尺寸相仿。面有阳文“蔺”，蔺指今天的山西离石西，也称蔺阳邑。背有阳文“六十五”纪数文字，两侧各有一条竖线，面背均有郭线。圆足布钱文规范，反映了当时中国北方地区的社会经济、商品贸易的发达繁荣。

“兹氏”布币

战国（赵）\ 长8.3厘米 肩宽4厘米 足宽4.3厘米 厚0.1厘米 \ 征集

铜质。布币也被称为“铲币”，由农业工具铲演变而来。布首扁平无銎，耸肩、尖足。面背俱有周郭，面首有两直纹，中间一条竖棱线；背首一直纹，身有两直纹，两侧倒书战国货币文字，右侧竖书“兹”字，左侧为“氏”。“兹氏”代表其产地。兹氏城，位于今山西省汾阳市西南7千米处的三泉镇聂生村、巩村一带。

“两甾”方孔铜钱

战国（秦）\ 直径3.1厘米 穿1厘米 厚0.2厘米 \ 征集

铜质。又名“秦两锱”，战国晚期（约公元前3世纪）秦国所铸钱币。圆形，方孔有外郭，穿不规则，背平素，正面有“两甾”篆书，品相好。两甾最早是战国晚期（约公元前3世纪）秦国所铸的圜钱，汉承秦制也铸造两甾铜钱。东汉许慎《说文解字》“锱重六铢”。“甾”为“锱”之省文。两甾为十二铢，十二铢为“半两”之数。因此两甾可视为半两的异形钱。两甾因铸造时间有限，流通区域小，加之铸造量本身并不大，存世量比较小。

“蔺”字布币

战国（赵）\ 长8.3厘米 肩宽3.8厘米 足宽4.2厘米 厚0.1厘米 \ 征集

铜质。币首未进行打磨，耸肩、尖足。面背俱有周郭。面首有两直纹，币身正中有一道直纹贯穿至裆部。背首一直纹，布身有三横纹。钱币整体颜色发暗，包浆匀称，一面有文字“蔺”代表其产地。此枚钱币是先秦时期诸国铸币的缩影。

鸟蛇相斗形铜饰牌

战国 \ 长6厘米 宽4.2厘米 \ 征集

铜质。一套八件。上下两蛇围绕两鸟，中间由乳钉纹分隔。鸟占据画面中心位置，喙尖锐，目光犀利，腿粗壮有力，爪巨大，紧钳蛇身，蛇身扭曲却不得挣脱。蛇头呈三角形，圆眼，身饰鳞羽纹，嘴衔咬鸟羽。图案布局精巧，展现了鸟蛇激烈搏斗的场景。

鹿形青铜竿头饰

战国 \ 高15厘米 宽3.3厘米 \ 征集

青铜质。圆雕。竿头为伫立的鹿形，鹿首与躯体可分开。鹿四足站立于方形銎上，身躯中空，圆眼，双耳竖立，齐吻，昂首前视。饰件造型优美，完美展现出鹿的温驯。

鸟纹青铜竿头饰

战国 \ 高4厘米 长3厘米 宽1.5厘米 \ 征集

青铜质。一套三件，圆雕。竿头为伫立的鸟形，圆眼外突，喙较长，翅膀向后伸展与尾部相连，身上羽毛写实，栩栩如生。鸟身下部为四方銎，近銎口处有小钉孔。

双鹿纹青铜饰牌

战国 \ 长3.8厘米 宽2.2厘米 \ 征集

青铜质。透雕。长方形，方框内铸有上下叠压的双鹿图案，双鹿头方向相反，鹿首上扬，鹿角硕大，整体形态自然，气氛静谧。

鸟纹青铜饰件

战国 \ 长7.5厘米 宽6.5厘米 \ 征集

铜质。一套两件。尖喙，翅舒展，鸟身阴刻线纹以表现鸟的羽毛，整体呈飞翔状，尾呈扇形。

鸟形青铜饰件

战国 \ 长9厘米 宽6.2厘米 \ 征集

青铜质。圆雕。鸟首造型巨大突出，环眼，双耳下垂，长喙钩弯，比例夸张，身躯简化。

鹰首形铜饰件

战国 \ 长4.3厘米 宽3.6厘米 \ 征集

铜质。浅浮雕。一套七件。整体鹰首造型，圆眼，双耳耸立，长喙下钩，外圈装饰卷云纹作羽毛。

怪兽咬斗纹青铜饰牌

战国 \ 长11.5厘米 宽7.5厘米 \ 征集

青铜质。一套两件，平面似“P”形。采用浮雕与镂雕相结合的表现手法。马形怪兽四足伫立，老虎俯身噬咬怪兽前腿，怪兽以钩形吻抵住猛虎。两兽体形差异较大，缠斗激烈、难解难分，怪兽头顶大角变成图案化的花边状。整体造型奇特，意境生动。

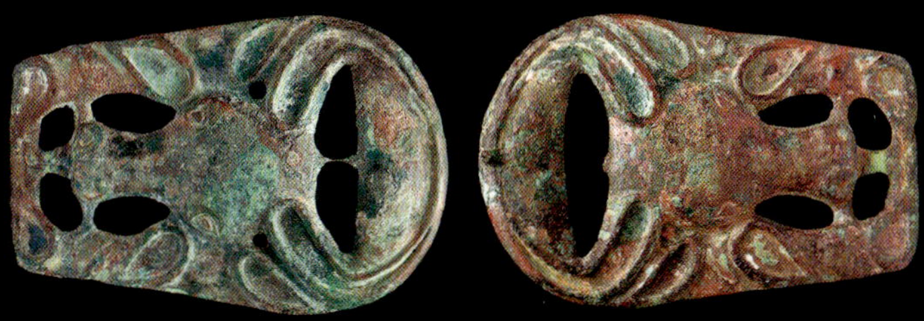

牛首形青铜带扣

战国 \ 高5.4厘米 宽3.6厘米 \ 征集

青铜质。一套两件，透雕。整体近似椭方，正面作写实的牛头图案，双角上弯，立耳，三角眼，鼻孔外张，牛头上方有带穿和短带纽。

鹰首青铜辕头饰

战国 \ 长10厘米 宽4厘米 高6厘米 \ 征集

青铜质。长方形，内部中空。上部圆雕鹰首，环目，长喙下钩。此鹰首青铜辕头饰装饰于车辕上，马车奔跑跃动时雄鹰仿佛也在展翅翱翔。

卧马形青铜饰件

战国 \ 长8.1厘米 宽3.1厘米 \ 征集

铜质。马呈半卧姿，腿弯曲向前，圆眼，低首，圆尖耳竖立，头上有一较大鼓凸，背鬃整齐，马身饰涡纹，马尾下垂打结。

虎首错银青铜带钩

战国 \ 长7.5厘米 \ 杨鲁安先生捐赠

青铜质。整体似琵琶形。钩首为虎头，虎张口露齿，杏眼，竖耳，钩背微拱，钩体错银饰涡卷纹和几何纹饰，钩尾圆弧形收紧，圆形钩纽位于钩背尾端四分之一处。错金银工艺是以不同光泽显现花纹的工艺，运用于青铜饰件，始于春秋中期，盛行于战国。

错金银铜带钩

战国 \ 长15.3厘米 宽1.7厘米 厚1.7厘米 \ 征集

青铜质。带钩整体似琵琶形，中间较粗，向上拱起，至两端渐细，下为圆形钩纽。龙形钩头，钩身表面错金银，饰出纤如毫发的螺旋纹、卷云纹、几何纹，制作精致华美。制作错金银，需先在青铜器外表铸出或錾刻出图案、铭文所需凹槽，后嵌入金或银丝片，锤打结实，再用蜡石将其打磨润滑，使二者牢固结合，凸显器物上预先设置好的图案。

错金镶松石青铜带钩

战国 \ 长25厘米 宽3.5厘米 \ 征集

青铜质。带钩大致分为“钩首”“钩体”“钩纽”三部分。此青铜带钩，器型呈琵琶状。龙头钩首；钩身通体施错金工艺，嵌绿松石装饰；钩纽在下。在绿松石和黄金的映衬下，整体器物尽显奢华、高贵。

青铜错金勾云纹带钩

战国 \ 长25.5厘米 宽2.5厘米 \ 征集

青铜质。琵琶形，兽头钩首，钩身通体施错金工艺，饰兽面纹及勾云纹，风格独特，装饰华丽，有很强的立体感。

龙首错金青铜带钩

战国 \ 长23厘米 \ 杨鲁安先生捐赠

青铜质。钩体扁长。龙首，钩颈细，钩腹微拱，钩身表面错金，饰螭虺纹，钩尾末端平直，圆形钩纽位于钩背尾端三分之一处，错金工艺精湛，纹饰精美流畅。

青铜带钩

战国 \ 长21.5厘米 \ 杨鲁安先生捐赠

青铜质。整体造型呈弓背状，兽面形钩首，钩颈由细渐宽，钩体部分宽且长，钩面饰几何纹，钩尾弧形收紧，此带钩线条流畅，点缀于腰间，反映了当时的社会审美和潮流风尚。

人形青铜带钩

战国 \ 钩全长4.9厘米 人形长3.2厘米 \ 杨鲁安先生捐赠

青铜质。钩首为马首，双目圆睁、马口微张。钩颈短而直。钩尾为坐姿人形，粗眉小眼，高颧骨，宽盘脸，鼻梁稍长，双腿盘坐，一手抬起放至耳旁作倾听态，一手自然置于膝上，腹部凸起。

蟠螭纹铜镜

战国 \ 直径6.7厘米 \ 杨鲁安先生捐赠

圆形铜质，镜面光洁平滑。镜背中央镜纽缺失，镜背内区饰穿插缠绕的蟠螭纹。螭是传说中的一种没有角的龙，龙嘴衔镜缘，卷尾、蟠曲，层次立体、充满动感。镜背外区饰环形几何纹饰。镜狭缘、素边、上卷。蟠螭纹是传统纹饰的一种，整体纹饰层层递进，繁而不乱。

彩绘凤纹铜镜

战国 \ 直径12.1厘米 \ 杨鲁安先生捐赠

铜质。圆形，镜面光边素缘，光洁平滑。镜背内圈饰彩绘四凤纹，尾羽高扬舒展，外圈彩绘几何纹，中心有三弦纹纽。中心有一小孔用于穿系，方便手持、固定或悬挂。彩绘是漆器常用的一种装饰工艺，后来铜镜乃至其他青铜器也用来装饰，以各种矿物颜料在铜镜背面绘出绚丽多彩的精美图案，这样的铜镜被称为彩绘镜。

四山纹铜镜

战国 \ 直径11厘米 \ 杨鲁安先生捐赠

铜质。圆形，镜面光洁平滑。镜背正中方框内有一圆纽，纽上小孔用于穿系，方便手持、固定或悬挂。镜背主纹为山字纹，“山字纹”与纽座四边均匀相对，左旋排列，整体有旋转的动感。其余为羽状或花叶地纹，地纹遍饰镜背。镜缘细卷。“山字纹”是我国古代铜镜中的常见纹饰，主要流行于战国时期。

虎噬鹿青铜饰牌

战国 \ 高7.5厘米 宽6厘米 厚1厘米 \ 征集

青铜质。猛虎四足伫立，低头垂尾，圆目、立耳、口大张正在噬咬刚刚捕获的鹿。鹿头后仰，眼神空洞，毫无挣扎之力，鹿身隐匿在圈环之后，圈环以乳钉纹为地，满饰凹点纹。整件牌饰表现了弱肉强食的真实残酷。

枝叶纹铜饰牌

战国 \ 长12厘米 宽6厘米 \ 征集

青铜质。一套两件。饰牌图案相同，成对使用。饰牌上下边框各饰一棵树，以滴水纹表示繁密的树叶。左右两侧纹饰为站立的鹿形象，有小圆孔，应是穿绳挂坠用。

四驴纹铜饰牌

战国 \ 长4.8厘米 宽2.6厘米 厚0.3厘米 \ 征集

青铜质。长方形，透雕。外有边框，边框内饰四驴形动物纹，仅表现前半身，长耳高竖，环眼，前肢跪卧，皆作回头顾盼状。驴、马是北疆地区常见装饰纹饰，生动逼真，夸张抽象，是中国古代人与自然和谐共处的缩影。

青铜豆

战国 \ 腹径18厘米 底径10厘米 高17.5厘米 \ 征集

青铜质。器盖为喇叭形捉手，倒置为盘。器身圆腹，外侧有环形双耳，下承喇叭形高圈足。盖及器身饰有细密、多层规律蟠虺纹，纹饰细腻，工艺复杂。青铜豆为礼器的一种。

人面纹铜当卢

汉 \ 长22厘米 宽10.4厘米 \ 征集

青铜质。一套两件。当卢为马具，系戴于马额中央的装饰品。片状，上端双角对称，狭长呈弧形，中间凸起的圆面上以圆孔表示人的眼、鼻子，双目圆睁，嘴张开。下部为长方形，上有铭文。

青铜弩机

汉＼长13厘米 宽11.8厘米 厚2.3厘米＼征集

铜质。弩是古代的远射兵器，弩机是其击发机械装置。此弩机郭、牙、悬刀和望山等俱存，是研究汉代弩及弩机构造的重要实物资料。

青铜弩机

汉＼长22厘米 宽11厘米＼杨鲁安先生捐赠

铜质。由机身、钩心、悬刀、销轴、望山、牙等部件组成完整的弩机，配件均刻有“河内工官廾一丙”铭文。弩机是用于发射弩的机发部件，战国以来广泛使用。弩机装在弩“郭”中，郭即匣。弩机前方挂弦的钩叫“牙”。牙后是望山（准星），用于提高命中率。弩郭下有名“悬刀”的扳机。发射时，弩士瞄准“望山”，扣动“悬刀”，“牙”随即缩下，其上所钩的弦骤然松开，有力地将矢发射出去。该弩机反映了我国古代高超的科技水平，并为研究战国时期的军事史提供了重要的实物依据。

“朔力农丞”官印

汉 \ 长3厘米 宽1.6厘米 高1.7厘米 \ 杨鲁安先生捐赠

铜质。长方形官印，桥纽，纽下穿孔，可系带。印面阴刻篆书“朔力农丞”四字。白文，右上起顺读，字体规整，排列均匀。农监是中央派驻地方与郡同级的官署,负责管理所在郡国的公田,其长官称农长,并设农丞为副职。“朔力农丞”见于《秦汉南北朝官印征存》收录的前汉官印中。该枚官印对于研究汉代官制具有重要意义。

“姚禹”玉印

汉 \ 印面边长1.7厘米 高1厘米 \ 杨鲁安先生捐赠

玉质。正方形，覆斗纽，纽下有穿孔，用于系挂，便于携带。印面有阴线边栏，中间以一纵向阴线，将其一分为二，阴刻篆文“姚禹”二字，左起顺读。玉质细腻，造型小巧、精致。

“金城塞尉”官印

汉 \ 印面边长2.36厘米 高1.85厘米 \ 杨鲁安先生捐赠

铜质。正方形，桥纽，纽下穿孔，用于系挂，可随身携带。印面篆书阴刻“金城塞尉”，白文、自右上起顺读。“金城”指现兰州西固。公元前121年春，霍去病远征河西走廊时，派大行李息修建城池，命名为金城。“塞尉”是汉代军事职官名称，为北部边境障塞烽燧系统的职官。印面文字布局合理，结构均匀。

“本始元年十月甲子造”五铢钱范

汉 \ 长19厘米 宽17厘米 \ 杨鲁安先生捐赠

夹砂灰陶。陶质坚硬，五铢钱铸造模具残块，呈梯形。范首中央开设两个半圆形浇口，制有五铢钱背面的阴文钱型。范面分列两行阳纹钱模，主浇道凸起，左侧有铭文“本始元年十月甲子造”。“本始”为西汉宣帝刘询年号，本始元年为公元前73年，题记范母是研究汉“五铢钱”断代分期的重要实物资料。

六泉九布套钱

汉＼圆钱：直径2.7厘米 穿0.8厘米 厚0.2厘米 布币：长3.8厘米 宽2.2厘米 厚0.3厘米＼杨鲁安先生捐赠

铜质。此套六泉九布套钱因为缺少序布四百，未能形成全套钱。六泉十布是新朝王莽施行的货币制度之一，六泉包括小泉直一、幺泉一十、幼泉二十、中泉三十、壮泉四十、大泉五十共六种。十布包括小布一百、幺布二百、幼布三百、序布四百、差布五百、中布六百、壮布七百、第布八百、次布九百和大布黄千共十种。六泉十布铜质精良，文字精美，存世量少。

两甾铜钱

汉 \ 直径3.3厘米 穿0.7厘米 厚0.2厘米 \ 杨鲁安先生捐赠

又名“两锱”，铜铸圆形方孔钱。平背、无文，面窄缘、内郭，阳文“两甾”，直读，笔画端正，工艺规整。

武帝三铢铜钱

汉 \ 直径2.3厘米 穿0.8厘米 厚0.1厘米 \ 杨鲁安先生捐赠

汉武帝刘彻时铸圆形方孔铜钱，平背、无文，面窄缘、反郭，篆书阳文“三铢”，直读。“铢”字的金字旁，上为三角形，下为“王”字，且中竖上至三角形下缘，下至“王”字最下一横，是三铢最大的特征。“铢”是古代重量单位，币重如其文。自汉武帝建元元年（公元前140年）铸行，建元五年（公元前136年）行止，是中国古代铸行时间最短的钱币，因此存世量小。“三铢”是古代货币史上第一枚以“铢”命名的方孔圜钱，结束了半两钱的历史，下启沿用700多年的五铢钱，具有承上启下的重要意义。

大布黄千铜母范

汉 \ 长14厘米 宽9厘米 \ 杨鲁安先生捐赠

青铜质。长条形铸币模具，四周有外翻缘，状似长条形铜盘。中心圆形凸起并发散四条十字宽缘连接四枚“大布黄千”币形，两条凸起细长十字界格将范面分为均等四份；内有阳文书“大布黄千”币形四枚，两正两反。范内四个区域各有三角形榫、卯两个，彼此相对。铜范背部四周有宽凸外缘，十字形界格亦将铜范背部分为四份，与范内分区相对应。此范为“阳文母范”，有极高的学术研究与收藏价值。

青铜鼎

汉 \ 口径19.5厘米 宽25厘米 高20厘米 \ 征集

青铜质。整体接近圆形，双立耳，鼓腹，圜底，三兽蹄形足。盖与器身子母扣，盖上有三系，盖及器身分别饰双层绞丝纹。鼎是祭器，亦是食器。

兽纹铺首铜壶

汉＼高34.5厘米＼征集

青铜质。侈口，长颈，深鼓腹，圈足，盖略上拱，缘置三环纽，肩腹处有对称的兽面纹铺首衔环耳，整体造型敦实稳重。

绿釉双鱼纹陶鼎

汉 \ 高25厘米 \ 征集

陶质。通体施绿釉。圆形，双立耳，三兽足。腹部除装饰一圈凸起弦纹外，光素无纹；盖顶用弦纹为界，分内外两区，内区饰浮雕双鱼图案，双鱼摇头摆尾呈摇曳戏水状，外区环饰卷云纹，表现云雾缭绕效果。

绿釉陶鼎

汉 \ 宽25厘米 高17.5厘米 \ 征集

陶质。半圆形盖，子母扣，深腹，圜底，双立耳，三兽足。顶盖以弦纹为界，分内外两区，外区环饰动物纹饰，首尾相连，造型生动。腹部除装饰一圈凸起弦纹外，光素无纹，兽足矮粗。整体施釉不均匀，自成深浅浓淡变化。

黄釉陶尊

汉 \ 口径19.5厘米 高25厘米 \ 征集

陶质。通体施黄釉。圆筒形，子母口，顶盖为变形博山式盖，腹壁近直，平底，三兽足。腹部满饰各种浮雕图案，有神话故事、人物动物等。整体造型美观，古朴浑厚。纹饰构图严谨，层次分明，具有独特的艺术和装饰风格。

彩绘人物纹陶奁

汉 \ 口径21.4厘米 高15.1厘米 \ 杨鲁安先生捐赠

陶质。圆筒形。奁盖缺失。奁身直口，直壁，平底，底部三兽足。器身表面使用黑、红、白颜色彩绘人物形象，人物有坐有立，形象逼真，色彩鲜艳，纹饰流畅，具有鲜明的时代特色。

绿釉陶灶

汉 \ 长25.5厘米 宽23.5厘米 高14厘米 \ 征集

泥质红陶。表面施绿釉，呈马蹄形。灶面中间有一灶眼，用来安置甑、釜类炊具。灶面模印馍、鱼、叉、钩、勺等图案。陶灶为随葬明器，常出土于汉代墓葬中，造型模拟实物。

绿釉陶井

汉 \ 宽21厘米 底径17厘米 高34.5厘米 \ 征集

通体施绿釉。由井圈和井架组成，井圈外折沿平口。提梁井架，顶部有一井亭，亭内置辘轳。井身下部呈圆筒形，平底。为陪葬用明器。

四乳丁栉齿纹铜镜

汉＼直径8.5厘米 厚0.3厘米＼征集

铜质。整体呈圆形，圆钮，内区饰四乳钉纹，主纹为浮雕式的灵兽纹，即青龙、白虎、朱雀、玄武，由四种神兽组合成的图案，又称“四灵纹”。外区一圈栉齿纹，高棱缘。整个画面象征着宇宙图式，含天圆地方之意。整体构图细腻，寓意吉祥。

“见日之光”铜镜

汉＼直径12.6厘米 厚0.4厘米＼征集

铜质。圆钮，主要纹饰系八曲连弧纹，钮座外有一圈铭文“见日之光”。汉代个别铜镜在承受日光或凝聚光源照射时，反射后投影到壁上，壁上的光斑中会奇迹般地显现出镜背面的图案、铭文，好像光线透过铜镜，把背面图案、文字映在壁上，故称透光镜。汉之后的铜镜逐渐变平、变大，纹饰也更加复杂，所以无法产生透光效果。

仙人神兽纹铜镜

汉 \ 直径10.4厘米 厚0.5厘米 \ 征集

铜质。灰黑色，圆形，半球形钮。高浮雕纹饰表现的是东王公、西王母、伯牙弹琴和老子。四位神人与瑞兽环绕，神人须发细腻精美，眉眼手掌清晰可辨，所着华服精美，长带飘荡；四瑞兽头部突出，浮雕而成，鬃毛飘荡，身躯孔武，利爪苍劲。高浮雕仙人神兽镜是受道家思想熏陶的图形样式。其中不仅有各路神仙，也有创立了道教思想的老子，老子的入画说明此时的铜镜设计者不再推崇单一的众神，也给圣贤、哲人同样在天国具有一席之位。其次，伯牙的入图，更是从世俗生活着手，表现了人们对于知音好友的渴望和珍惜。

龙形青玉佩

汉 \ 长16.5厘米 宽4.2厘米 厚0.8厘米 \ 征集

玉质。灰绿色。通体呈“S”形。五官清晰，身卷曲，腹部有单孔，两面纹饰相同，均饰凸起的谷纹。线条流畅，飞龙在天之势跃然而出。玉佩工艺精致，善用阴线勾勒龙的首、尾等部，且转角处线条流畅圆润，具灵动之美。

绿釉瓶

汉 \ 口径6.7厘米 腹径24厘米 底径19厘米 高40厘米 \ 征集

陶质。口微撇，粗颈，鼓腹，胫部渐收，平底。口沿、颈部、肩部装饰弦纹，器身施釉，光泽匀亮，局部返铅。器形仿青铜器，器身弧度均衡流畅，形体比例协调，富于规律性和韵律感，整体更具挺拔气质。

青铜匜

汉 \ 长42厘米 宽33厘米 高12厘米 \ 征集

青铜质。形椭长，一边有槽流，槽流微向上卷，平底，无足，铺首衔环，饰兽首纹，有铭文。匜为我国古代盥洗注水之器。

镂空夔龙纹铜熏炉

汉 \ 炉口径11.3厘米 盖口径12.5厘米 足径7.9厘米 高15.9厘米 \ 征集

青铜质。圆腹，束腰，足外撇呈喇叭状。炉体呈半球形，镂空半球形炉盖，镂雕龙纹穿行于云气中。中有承柱与炉体相接，承柱与底足连接处铸三条游龙，熏炉造型优美，工艺精致。

青铜熏炉

汉 \ 长15厘米 宽10厘米 \ 征集

青铜质。炉盖直口，弧顶，作花瓣形镂空。器身圆形，亦直口，直腹，平底，蹄形足。熏盘的一侧饰有龙首形扳手，可开合。汉代刘向的《熏炉铭》曾有描述："承以铜盆，中有兰绮，朱火青烟"。熏炉具有熏香、除秽、熏衣、取暖的功能。

"千秋万岁"瓦当

汉 \ 直径16厘米 厚3.2厘米 \ 杨鲁安先生捐赠

圆形吉语瓦当。厚边宽缘，中心圆突，外伸格界将瓦面分割为相等四格，每格一字。阳文篆书"千秋万岁"，围绕中心环形排列。汉代是瓦当工艺发展的鼎盛时期，瓦当本是用以装饰美化和蔽护建筑物檐头的附件，后出现了如吉语瓦当的新品类。

"惟汉三年大并天下"瓦当

汉 \ 直径16.7厘米 厚2.9厘米 \ 杨鲁安先生捐赠

圆形文字记事瓦当。宽缘厚边，中心圆突，外伸格界，将瓦面均匀分割为八格，每格一字。阳文篆书"惟汉三年大并天下"，沿中线分开，右侧旋读"惟汉三年"，左侧旋读"大并天下"。布局结体依圆就势。瓦面所载文字既标示了时代又带有纪事意义，是非常重要的史证资料。

魏晋南北朝隋唐时期

东汉末年，鲜卑人逐步进入呼和浩特地区，北魏统一北方后，设置州、郡、县和军镇进行管辖。魏晋南北朝时期，盛乐城、敕勒歌，民族交往赞歌，生活在这里的北方游牧民族，逐渐融入中原社会。大一统的隋唐时期，中原王朝通过有效管理，使各民族向心力增强。和林格尔县土城子古城的北城为唐代单于大都护府治所。这一时期各民族互相学习、互通有无、日益融合，民族交融进入新的历史时期。

“晋率善叟仟长”银官印

晋 \ 印面边长2.3厘米 高2.6厘米 \ 杨鲁安先生捐赠

银质。方形，兽钮，腹下穿孔。印面阴刻篆字“晋率善叟仟长”，白文、右上起顺读。此印乃归附于晋的叟族仟长官印。“晋”指国号。“率善”即循规向善，有归附臣服之意，是魏晋时期对归顺外族的褒称，与“归义”同意。“叟”乃古代西南夷国名，汉称“蜀”为“叟”。“仟”是古代职官名，指千人之长，是军队中的一种指挥官。

“晋率善叟佰长”铜官印

晋 \ 印面边长2.3厘米 高2.3厘米 \ 杨鲁安先生捐赠

铜质。正方形官印，兽钮，腹下穿孔；印面阴刻篆字“晋率善叟佰长”，白文、右上起顺读。此印乃归附于晋的叟族佰长官印。佰长由于等级低下,基本未见于文献记载，仅是后世出土有册封印章。汉魏晋时期，以晋颁发给少数民族的官印数量最多，内容几乎涉及当时此类官印的各部族与称号，反映出当时中央政权与各少数民族的关系。

双羊五轮金饰牌

北魏 \ 长9.5厘米 宽7厘米 \ 呼和浩特市赛罕区太平庄乡添密梁墓地出土

金质。透雕。长方形，双羊对立，大眼，弯角，身体壮硕，三块圆叶形肌肉凸起，腿纤细修长。两羊之间和羊腿间有五个轮状装饰，边框饰阴线纹。羊眼和正中轮心原有镶嵌物，已脱落。造型饱满，形体浑厚，弯角大眼适度夸张，更加显得生动活泼。金饰牌中的羊纹、车轮等细节都彰显了不同民族文化融合的印迹。

三叶形金带饰

北魏 \ 长2厘米 宽1厘米 \ 征集

金质。一套五十八件。叶形，锤揲而成。整体呈花叶形，边缘饰连珠纹，背面有三个细短小钩。制作精美，是不同文化交流互鉴、互通互融的见证。

“太和十六年”瓦当

北魏 \ 直径11.7厘米 厚1.1厘米 \ 杨鲁安先生捐赠

圆形，窄缘，用弦纹划分为内外两区，居中圆心处凸起，围绕中心有“井”形界格，外圈小格内有文字，连读为“太和十六年造作成”。北魏太和十六年为孝文帝执政时期。

“富贵万岁”瓦当

北魏 \ 长24.5厘米 直径14.2厘米 \ 杨鲁安先生捐赠

瓦面呈圆形，宽缘，居中圆心处凸起，围绕中心有“井”形界格，分出的界格里反书“富贵万岁”四字及乳钉纹。北魏的瓦当一般质地细腻，火候较高，较常见的为莲花纹和兽面纹，文字瓦当较为少见。

飞天瓦当

北魏 \ 直径16.6厘米 厚2.8厘米 \ 征集

部分残损，但保留主体纹饰，缘较宽，装饰飞天图案，飞天双手握于胸前。人物面目模糊，但从发型仍可看出外来文化元素，外圈有连珠纹构成的圈带作为装饰，整体形态逼真。

鹿纹玉牌

北魏 \ 长27厘米 宽13厘米 厚2.1厘米 \ 征集

玉质。青褐色。整体呈长方形。浮雕五鹿图案，中间为一正面小鹿，两边各立两只大鹿。双耳竖立，齐吻，昂首前视，线条流畅，比例匀称。玉质温润，整体被沁为褐色

东罗马金币

公元4世纪 \ 直径1.2厘米 \ 呼和浩特市武川县西乌兰不浪乡头号村出土

金质。正面是王者半身像，面目不清，头戴皇冠，颈后有两条冠缨结带，向右侧飘起。右手执一矛扛在右肩上，矛的尖端露于左侧鬓边；左手持盾，扣于左肩上，周边铸有铭文DNLEOPE VRPETAVG15个字母。LEO意为列奥一世（公元457—474年在位）。背面为有翅膀的天使立像，鼻高，嘴阔，头戴冠，身体侧屈如舞姿，右手执长柄十字架，左手抵胯。在翅膀左下方铸有一颗八芒星。周边铭文分三组，共17个字母，天使下方居中的铭文为CON OB，CON指此币为君士坦丁堡造币厂铸造，OB表示成色为纯金。这枚金币为研究呼和浩特历史及在草原丝绸之路中的作用，提供了珍贵的实物资料。

“永通万国”铜钱

北周 \ 直径2.9厘米 穿0.8厘米 厚0.2厘米 \ 杨鲁安先生捐赠

铜质。圆形方孔钱，北周静帝宇文阐大象元年（公元579年）始铸，为“北周三品”之首。面背均有内外廓。光背，面文篆书“永通万国”阳文，直读。钱文笔画一丝不苟，字廓深峻；“永通”意为永远通行，“万国”示天下万国可用。背饰北斗、宝剑、龟、蛇图案；隐含东南西北四象配置。根据背部图案推断，此钱币为“压胜钱”，是当时民间一种用作吉利品或避邪物的钱币。

“大历元宝”铜钱

唐 \ 直径2.3厘米 穿0.6厘米 厚0.2厘米 \ 杨鲁安先生捐赠

铜质。圆形方孔钱。唐朝代宗李豫大历年间（公元766—779年）铸造。面背均阔缘外郭，方形内郭。光背，面文隶书“大历元宝”阳文，旋读。“大历元宝”是中国最早的年号元宝钱。“安史之乱”后，为稳定军心，安抚百姓，遂采用当时正使用的唐代宗年号“大历”，仿照开元通宝钱的式样铸造“大历元宝”以筹军饷，供西北地区地方驻军使用。

西域铜钱

唐 \ 直径2.3—2.6厘米 穿0.6—0.7厘米 厚0.1—0.3厘米 \ 杨鲁安先生捐赠

四枚钱币均为唐代西域铸造圆形方孔铜钱。

突骑施铜钱是突骑施汗国国王苏禄可汗在位时所铸。面文为粟特文，意为圣天突骑施可汗之钱。背铸弓型文、三叉戟文，为突骑施汗国徽记。突骑施汗国钱币只发行了22年，传世数量不多，在古丝绸之路上广泛使用。

粟特王康国钱，钱文特征是由王名加粟特文MLK构成，这亦是康国方孔钱除撒马尔罕城徽外另一个独有特征。粟特地区不是一个国家，而是由一系列绿洲小国构成。粟特地区与唐朝贸易和政治往来频繁。

高昌吉利钱是中国古代吐鲁番地区铸造的一种钱币。面文隶书“高昌吉利”，旋读。“高昌”为西域古国名，“吉利”为吉祥语，这种吉祥用语伴以国名的书写方式在钱币中并不多见。高昌吉利钱币大而厚重，因钱文中有“吉利”二字，故推断可能是一种纪念币。

日月金光吐蕃文钱为双语钱，是西域四大名珍之一。面书汉字“日月金光”，背文目前考证为回鹘人使用过的突厥鲁尼文，单词具体意思是太阳、月亮、光明、星星和铜钱，与面文相对应。

双凤葵瓣铜镜

唐 \ 直径18.6厘米 厚0.6厘米 \ 征集

铜质。呈葵花口形，共八瓣，宽素边，内区与边缘用弦纹区分，中心为半圆镜纽。围绕镜纽雕刻两只凤鸟，展翅起舞，相互追逐，脖颈前伸仿佛在引吭高歌，极富动感。

铜马镫

唐＼宽13厘米 高24.5厘米＼呼和浩特毫沁营乡乌兰不浪乡村征集

铜质。整体呈椭圆形，上窄下宽，圭形镫柄，长方形穿，踏板为扁宽圆弧形，边缘下折。马镫的出现极大提高了人们骑乘马匹的安全性。

绿釉陶兽

唐＼长31.5厘米 宽11.5厘米 高25.7厘米＼征集

通体施绿釉，呈伫立状，圆眼外突，吻部突出，嘴微张，露齿，长颈，尾部卷曲。

宋辽夏金元时期

这一时期，呼和浩特地区处于北方游牧民族建立的政权管辖之内，各政权进一步在各地兴建城市、设置府州，有“西三州”之称的丰州、东胜州和云内州，均建于辽代，金、元沿用。这时期呼和浩特地区经济进一步地发展，农耕和游牧业形成齐头并进的繁荣盛况，在文化思想艺术上呈现出兼容并蓄的姿态，各民族杂居融合的格局逐渐成形。丰州地区成为草原丝绸之路的重要通道。这里交通驿道发达通畅，商贸往来频繁，文化多元开放，使得这一时期保留了大量的历史遗存。

“靖康元宝”铜钱

北宋 \ 直径3.07厘米 穿0.69厘米 厚0.18厘米 \ 杨鲁安先生捐赠

铜质。方孔圆钱。面背阔缘外郭，方形内郭；光背，阳文隶书“靖康元宝”，旋读。靖康元宝有铜铁两种材质，铜质靖康元宝有小平、折二两种。靖康（公元1126—1127年）是北宋最后一个年号，仅存一年，故铸量较少。

“家国永安”铁钱

辽 \ 直径4.7厘米 \ 征集

铁质。圆形方孔，钱文可识读出楷书“家国永安”四字，顺时针左旋读。四字笔力遒劲，功力深厚。永安钱铜质罕铁质多，钱形硕大，文字朴拙。此钱与“千秋万岁”钱一样，属于赏赐、朝贺，而非流通用钱。

“佛法僧宝”九叠篆铜印

宋 \ 边长6.2厘米 宽7.2厘米 高4.4厘米 \ 征集

铜质。近四方形，长方立纽。面文阳刻九叠篆文“佛法僧宝”四字，边缘打磨平整。印文方正多盘曲转折，线条流畅工整。九叠篆文起源于唐，常见于宋、金、元官印，是篆文的一种变体，九是形容折叠之多。佛教称佛、法、僧为“三宝”，故也称“三宝印”。

"千秋万岁"铜钱

辽 \ 直径6.6厘米 穿0.91厘米 厚0.38厘米 \ 杨鲁安先生捐赠

圆形方孔铜钱，面背阔缘外郭，方形内郭。面文汉字"千秋万岁"阳书，旋读，光背。形制质朴，书法奇古，字体各异。"千秋万岁"是成语，也是吉语，既体现着对某种事物流传永久的期待，又体现对王朝千秋万代的祝愿。"千秋万岁"压胜钱是辽代政权留给世间的一份瑰宝。

统和元宝"中京伯（百）文"铜钱牌

辽 \ 长6.27厘米 宽3.12厘米 厚0.32厘米 \ 杨鲁安先生捐赠

铜质。长方形钱牌，上为圆角，下为方角，面背均有边廓。上半部铸"统合元宝"，旋读，下方铸楷书"中京伯文"，背上方与"统合元宝"相对应铸出"统合元宝"背廓，下方光素无文。钱牌是一种牌形钱币，顶部有孔，方便穿系携带，牌面镌有钱名和币值，作为钱币使用。"统和"为辽圣宗年号，共使用30年（公元983—1012年），是辽代的兴盛时期。中京为地名，辽代在内蒙古宁城县西大明城建中京。"伯"通"百"，为钱牌兑换数值单位。

青釉斗笠碗

宋 \ 口径20.2厘米 底径5.6厘米 高7.5厘米 \ 征集

斗笠式碗，敞口，斜直腹，矮圈足。胎骨坚致，釉质温润。碗内六条出筋，将碗分成六瓣，好似一朵盛开的莲花。此碗装饰风格充分体现了宋人崇尚简约与自然的审美情趣。

青釉婴戏纹碗

宋 \ 口径13厘米 底径3.5厘米 高5.1厘米 \ 征集

敞口，宽唇，弧腹斜收，圈足，里外施青釉。碗内刻婴戏莲花纹饰，两个婴孩身穿兜肚，手持花朵嬉笑追逐，对称装饰在碗壁内侧，内壁其他地方满饰花卉。釉面光洁匀静，色泽青幽。纹饰形象生动，极富生活气息。

青白釉刻划波浪纹碗

宋＼口径18厘米 底径5.7厘米 高5.5厘米＼征集

敞口，斜直壁，矮圈足。碗内刻水波纹，通体施青白釉，晶莹剔透。胎体轻薄，胎质坚硬，刻工娴熟，刀法流畅，波纹汹涌澎湃，气势浩大。

绿釉长颈瓶

辽 \ 口径9.6厘米 腹径11.6厘米 底径6.2厘米 高36.7厘米 \ 征集

喇叭口，长颈，溜肩，细长腹，假圈足。肩、颈部装饰弦纹两道。绿釉不到底，约占通体的三分之二，釉色光亮。长颈瓶为辽代常见的实用性器皿。

黄釉罐

辽 \ 口径7厘米 腹径17厘米 底径11.2厘米 高20厘米 \ 征集

小唇口，短颈，丰肩，肩部饰弦纹，鼓腹渐下敛，圈足，罐身黄釉未施到底，圈足露胎。胎质细腻，全器胎体厚重，胎质坚致，丰满浑厚，器型圆润流畅。

白釉四系瓶

辽＼口径4厘米 腹径10厘米 底径6厘米 高14.4厘米＼征集

直口微外侈，短颈，圆唇，斜肩，四系，鼓腹，圈足。整体光素无纹饰，釉色白中泛黄。釉质温润，圈足外展露胎，器型规整大方。

白釉执壶

辽＼口径5.9厘米 腹径14.1厘米 底径8.2厘米 高19.9厘米＼征集

直口，圆唇，长颈，短直流，广肩，宽泥条状执柄，折肩，圆腹，圈足。灰白胎，质粗硬，施白釉泛黄，施釉不到底，釉面有窑粘，为辽代北方窑产品。

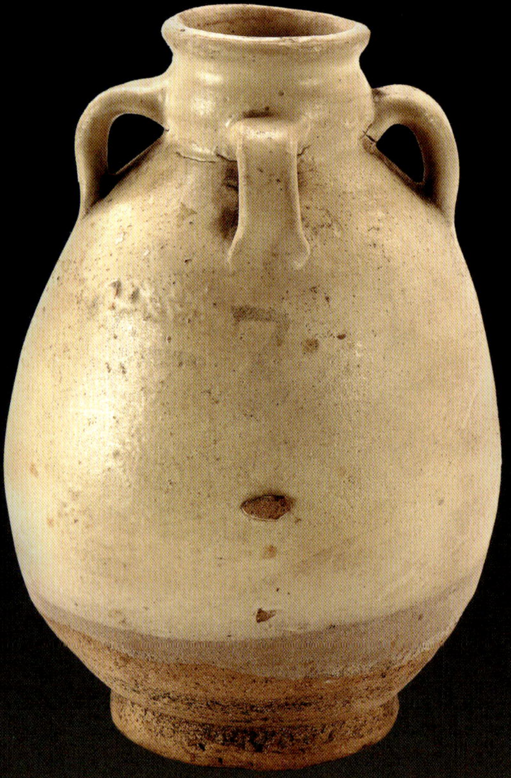

酱釉梅瓶

金＼口径4.9厘米 腹径17.3厘米 底径10.6厘米 高37.5厘米＼征集

小口，圆唇，短颈，丰肩圆润，腹部修长，向下渐内收，器底下凹成圈足，器型周正挺拔。通体饰旋纹，线条简洁。器身施酱釉，釉色深邃。

三彩印花海棠式盘

辽 \ 长26.4厘米 宽15.7厘米 高2.4厘米 \ 征集

八曲海棠式，敞口，平折沿，浅腹，平底。口沿印卷草纹，盘内模印花卉，盘心以模印的水波纹为地，中央一线排列三朵莲花。盘内纹饰以黄、绿、白釉三色施彩，口沿施绿彩，内壁施黄彩，内底花卉纹以白彩涂抹花蕊，黄彩涂抹花瓣，水波纹施绿釉。

绿釉提梁壶

辽 \ 口径3.3厘米 腹径13厘米 底径7.7厘米 高27.5厘米 \ 征集

小直口，圆唇，短颈，鼓腹，圈足，扭编提梁，下饰凸起乳钉纹。胎质粗硬，施绿釉，釉不及底，釉面有开片。提梁壶是典型的辽代瓷器，模仿皮质提梁壶。

三彩刻花盘

辽＼口径15厘米 底径7厘米 高3.3厘米＼征集

圆盘，弧腹，平底，盘内施黄、绿、白三种色釉，其中黄釉为地，花叶纹则以白、绿色釉间隔排列，盘内外壁施半绿釉，外底无釉。刻花及施釉简单大气。

砖雕天王头像

辽 \ 长14厘米 宽19.5厘米 高31厘米 \ 呼和浩特市太平庄乡白塔村出土

砖刻。综合运用圆雕技法精心雕琢而成。天王形象刻画传神，威风凛凛。狮鼻高挺，阔口微闭，两弯微竖的眉毛紧锁，怒目圆睁，直视前方。神态威猛强悍，凌厉不可侵犯，形象生动逼真，工艺高超娴熟。

佛教力士头部造像

辽 \ 长22厘米 宽18厘米 高26厘米 \ 呼和浩特市太平庄乡白塔村出土

砖刻。运用圆雕技法精心雕琢而成。力士高髻，面部棱角分明，双眼圆睁，鼻梁高挺，嘴紧闭，唇线分明，面颊低平，下颌呈方形，耳垂肥大。面部形象刻画得栩栩如生，极为传神。

砖雕菩萨头像

辽＼宽25厘米 高40厘米＼呼和浩特市太平庄乡白塔村出土

砖刻。高度与真人头部相近，其形象与常见菩萨形象无异，整体上为一尊制作精美的年轻女子形象。菩萨束绾高发髻，神态温婉恬静，两道长眉下双眼微启，除双耳垂作适当夸张外，其余部位极为写实。菩萨头饰花冠，花冠主要以长带束系珠花、椭圆形饰物等组成，束带绕扎高髻并在两侧打结。其头顶发髻高绾，额前发髻对分，发丝以阴线均匀划刻。菩萨头部两侧各有一条较粗的发辫向上盘绕。其两侧耳垂的后面发髻都有磕损。值得一提的是，菩萨高髻的正面椭圆形饰物上应该有一尊小型立式佛像，此佛像斜披袈裟，但现只存大概轮廓。菩萨面型长圆，面颊饱满，额间有白毫；双眉细弯，双目细长，眼睑较薄，眼珠微现；鼻梁秀挺，鼻翼丰满，鼻翼宽度与嘴角宽度相近；嘴形小巧，双唇轻合，嘴唇厚薄适中，嘴角微翘。菩萨双耳下垂，长及下颌部，颈下部分缺失。菩萨表情生动、恬淡自在，以轻微的俯视角度或侧面观赏更似在轻盈浅笑，充满一种内省的神韵。总之，此尊菩萨头像发式考究，饰物简单精美，展现了一位中国古代现实生活中雍容端丽、清秀自若的贵族少女的形象，达到了使朝拜、观赏者全然不觉宗教造像神秘气息的艺术效果。

砖雕盘龙柱

辽 \ 直径42厘米 高241厘米 \ 呼和浩特市太平庄乡白塔村出土

整体呈圆柱形，原为万部华严经塔塔身1—2层角柱，双龙缠绕盘于柱上，圆眼外凸，嘴大张，阴刻线条用以表示鬃毛，鳞片层层分明，为五爪龙。在中国传统文化中，龙被视为吉祥、神圣的瑞兽，代表着权力和威严。

砖雕鸱吻像

辽 \ 长48厘米 宽29厘米 高56厘米 \ 呼和浩特市太平庄乡白塔村出土

鸱吻，又名螭吻，随佛教传入，整体酷似鱼和龙的结合体。吻部折而向上，似张口吞脊，多用于古代建筑上。

陶砚

辽 \ 高9.5厘米 \ 征集

圆座体，束腰，腰部环饰网格纹，平底，下半部圆座中空，砚身有方形穿孔，既可放炭火加热又可通风通烟。砚面用凸起曲线划分为两区，形似船帆，寓意学海扬帆。

释迦牟尼佛铜像

辽 \ 座长7厘米 宽4厘米 高15.9厘米 \ 征集

铜质。释迦像，结跏趺坐莲座上，双手结禅定印。头饰螺发，发中有髻珠；低眉垂目；双耳垂肩,神态庄严；前胸袒露，身披袈裟，下着长裙，裙褶自然垂落于台面之上。佛像整体造型古朴、端庄。

摩羯形白玉耳饰

辽 \ 长4.4厘米 宽3.9厘米 厚1.1厘米 \ 征集

玉质。青白色，质地温润通透，整体呈“C”形，线条简洁流畅。摩羯形象为外来文化元素，与中国传统文化融为一体，对研究中外文化、艺术交流等具有重要意义。

摩羯形金耳环

辽 \ 宽2.98厘米 厚1.27厘米 高4.4厘米 \ 征集

金质。龙首鱼身，空心，由两片模压纹饰的金片焊接而成,錾刻花纹，尾、口、目及鳍、腮、鳞等部位錾刻精细。尾卷起上扬，首部抬起，鼻孔出弯钩，脑后出双角，前端饰莲花宝珠，造型生动，工艺精湛，美观大方。摩羯形象随佛教由印度传入中国，是文化交流交融的物证。

马形玉饰件

辽 \ 长5厘米 高2.6厘米 \ 征集

玉质。圆雕。马呈蹲踞状，昂首、张嘴。颈部阴刻斜线纹表示鬃毛，尾沿背部下垂。玉质细腻，通体圆润，线条简洁。马是辽代玉器中的常见题材之一，折射出马与契丹人的生产、生活息息相关。

双龙祥云纹铜镜

辽 \ 直径18.5厘米 厚0.65厘米 \ 征集

铜质。素宽缘，圆形钮。双龙披鳞挂甲，交蟠于镜背，驾雾腾空，祥云围绕，鬈毛随风张扬，朴秀兼全。云龙纹是龙纹的一种，构图上龙为主纹云为辅纹，龙或作驾云疾驰状，或在云间蟠舞，始见于唐宋瓷器上。

“泰和重宝”铜钱

金 \ 直径4.5厘米 \ 征集

铜质。边圆郭正，地章坦平，篆书“泰和重宝”四字。钱文布局规矩协调，制作精美。“泰和”寓意祥和、吉利，安泰和顺、有国泰民安的意味，“泰和重宝”始铸于金章宗泰和四年(公元1204年)。

人物故事纹铜镜

金 \ 直径22厘米 厚0.9厘米 \ 征集

圆形铜镜。圆纽，附一手提环，素缘。靠缘环饰一圈花草，弦纹内水天浩瀚，波涛汹涌，内区左上一牙弯月穿梭云中，左下海面一叶小舟载主仆两人，舟旁海兽跃出水面，右上楼阁有人凭栏而立。做工精细，质地厚重，人物形象传神，画面感强。

牛郎织女纹铜镜

金 \ 直径14.3厘米 厚0.6厘米 \ 征集

铜质，圆纽，厚宽缘。铜镜左上为枝繁叶茂的梧桐树，镜纽一侧为牛郎，一侧为织女，纽下刻划有鹊桥，纹饰内容为牛郎织女七夕于梧桐树下鹊桥相会。梧桐树枝叶和人物服饰线条明显，做工精良，浮雕感强。

童子戏莲纹带柄铜镜

金＼长19厘米 直径9.8厘米＼征集

圆形带柄铜镜。窄缘，桥形纽。主体纹饰为两童子戏莲，海水纹地上一对嬉戏打闹的童子呈对角线分布，与俯仰生姿的莲花图案相互穿插，从而使均衡的构图充满了动态美。高浮雕的纹饰装饰克服了因镜体变薄而造成的轻浮单调感，营造出强烈的画面感。

贺寿纹带柄铜镜

金 \ 长19.2厘米 直径10.5厘米 \ 征集

圆形带柄铜镜。窄缘，主体纹饰为贺寿纹。右上方树木枝叶繁茂，枝头硕果累累，树下左侧为梳双发髻捧物童子，右侧为单足直立，低头梳理羽毛的白鹤和一位静坐老者。铜镜整体营造出高雅清幽的意境。

童子纹铜镜

金 \ 直径13.9厘米 厚0.7厘米 \ 征集

圆形，圆纽，素宽缘。用弦纹划分为内外双区，内圈为四个手拿折枝花朵、头尾相连作追逐戏玩状的婴孩，面部刻划惟妙惟肖，形象生动活泼。外圈有一周祥云环绕，边刻“清淳县官正”铭文。

双龙纹铜镜

金 \ 直径18.5厘米 \ 征集

圆形铜镜。桥形纽，素缘。双龙环纽嬉戏追逐，龙口大张，四爪瘦长，须、发、肘毛挥洒飘扬，背鳍整齐密布，身躯细长而弯曲，镜缘处装饰一圈卷云纹，云朵舒展，疏密有序，整体做工精细，形制规整。

白釉印花盘

金 \ 口径12.6厘米 底径3.9厘米 高3.7厘米 \ 征集

胎体匀薄，釉色洁白，盘内印花卉纹，印纹十分清晰，圈足小，胎质细腻。此器特征符合霍州窑烧制特点，霍州窑地处山西中部偏西南，主要产品是胎细釉洁的白瓷和白底黑花瓷，金代开始烧制，元代大量生产。

白釉出筋花口碗

金 \ 直径21.6厘米 底径7.1厘米 高7.5厘米 \ 呼和浩特市托克托县黑城乡出土

花口，圆唇，斜弧腹，腹部略呈五瓣花形，圈足。胎体轻薄洁白，内外满施釉，釉色灰白，积釉处微闪牙黄色。造型轻巧俊美，是金代瓷器佳作。

灰陶刻铭文瓮棺

金 \ 口径21.5厘米 底径41厘米 高37厘米 \ 呼和浩特市太平庄乡舍必崖村征集

泥质灰陶，胎质坚硬。敛口，桶形腹，平底，肩部一周弦纹，下为四组花草，折肩处、下腹部各饰两周附加堆纹，腹部两层铭刻，肩部刻“丰州大师殿巷青瓦刘冲”等，腹刻划双扇门，下有台阶。围门环题“病鹘诗”“点绛唇词寄”“大定二十八年二月十七日刘德用造”等铭文。

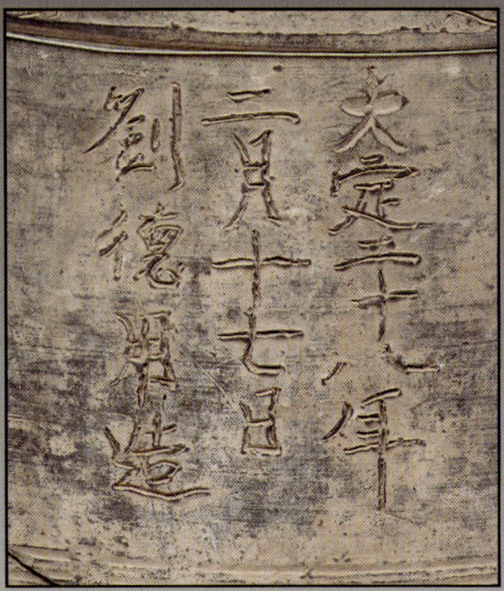

八思巴文铜印

元＼印面边长7厘米 印体厚1.6厘米 高9厘米＼征集

正方形铜印。制作规范，边缘打磨平整。印文为八思巴文篆体字，印背面正中有长方形（扁柱纽）印纽，印纽上方阴刻“上”字，印背左侧刻有两行楷书“中书礼部造，至顺二年五月□日”，印背右侧刻“管水达达民户达鲁花赤之印”。

八思巴文铜印

元 \ 印面边长6.9厘米 高8厘米 \ 征集

铜质。正方形，印背有柄形纽。印文铸八思巴文。印背文字为汉字，右刻“大鼓□海蛮夷军民长官百户印”，左刻“至正十六年二月”“中书礼部造”。元朝官印有汉字印和八思巴字印两类，一般统一由中书礼部铸印局铸造。

铜权

元 \ 厚3厘米 宽5.4厘米 高10.2厘米 \ 征集

铜质。衡器。顶部为冠状权钮，钮孔呈圆形，底部呈六边形，权身为六面梯形。正面阳刻铭文双竖行，仅辨识“元”字，左、右两侧各铸竖排文字，字面模糊无法识读。底部正面横行铭文“十二士”。元朝政府多次禁止民间私自铸造度量衡器物，先由工部制造标准器，再由全国各路总管府仿制铸造，大量传世、出土的元代铜权见证了当时经济繁荣情况。

“至正通宝”铜钱

元 \ 直径2.92厘米 穿0.69厘米 厚0.17厘米 \ 杨鲁安先生捐赠

铜质。圆形方孔钱，内外皆有郭，外郭宽平，内郭略细。面文汉字楷书“至正通宝”阳文，直读，钱文端庄秀丽、笔画粗壮厚实。背文八思巴阳文，记年或记数。“至正通宝”于元顺帝至正年间铸行，亦是元朝最后一种铸币。铸工精，形制美，体现了元代铸币的巅峰工艺。

净州路五十两银铤

元 \ 长14.8厘米 宽9.1厘米 厚2.5厘米 \ 征集

银质。通体束腰，两端呈扇形。银铤正面内凹，钤刻官押、重量单位、辨验标记、“静州赵家”戳记等信息；背平无文，呈蜂窝状。整件银铤保存完整，是研究金元时期北部地区金融史及财税制度不可多得的实物资料。净州古城位于四子王旗境内，元代设置的净州也作“静州”或“靖州”。净州路故城是金元时期连通大漠南北的道路枢纽，是元代阴山以北地区较为重要的城市之一。

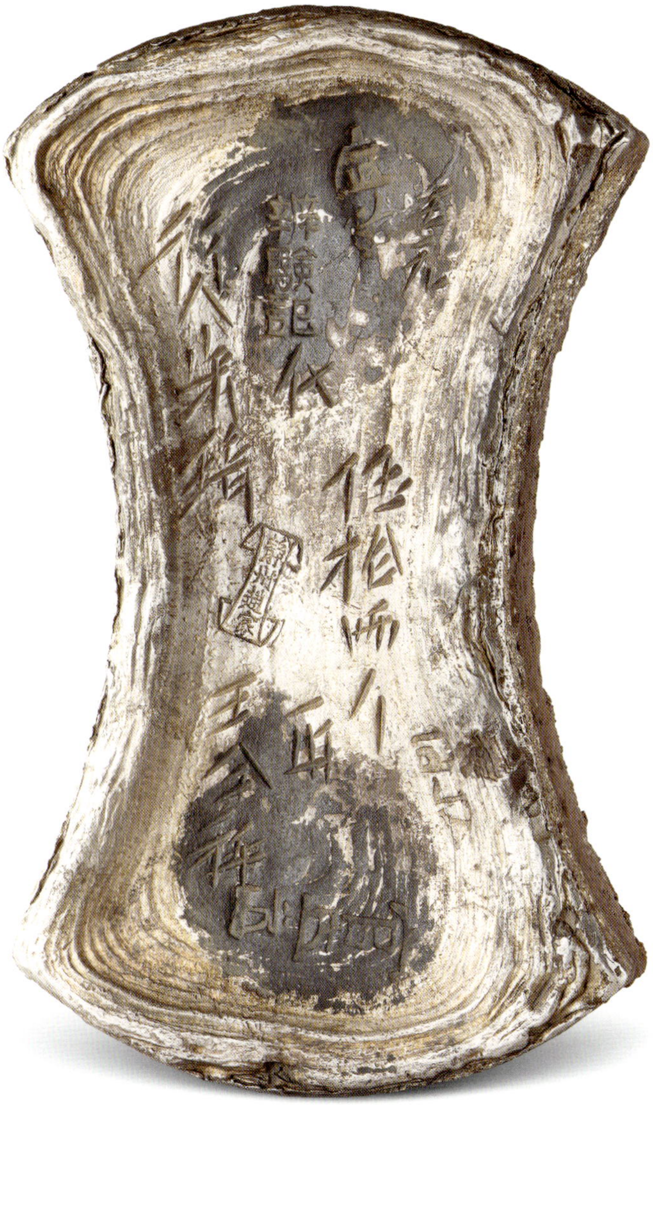

中统元宝交钞纸币

元 \ 宽9.2厘米 高16.3厘米 \ 呼和浩特市万部华严经塔出土

由桑麻皮等制，纸币正面上端是钞名“中统元宝交钞”，下方缠枝花纹框内又分为两部分内容，上面写有面额“壹拾文”和十枚铜钱的图案，下面是竖向书写的11行文字。纸币两面都盖有红色官印，正背两面的左上方各盖有一枚黑色的骑缝印。迄今为止留存最早的纸币。

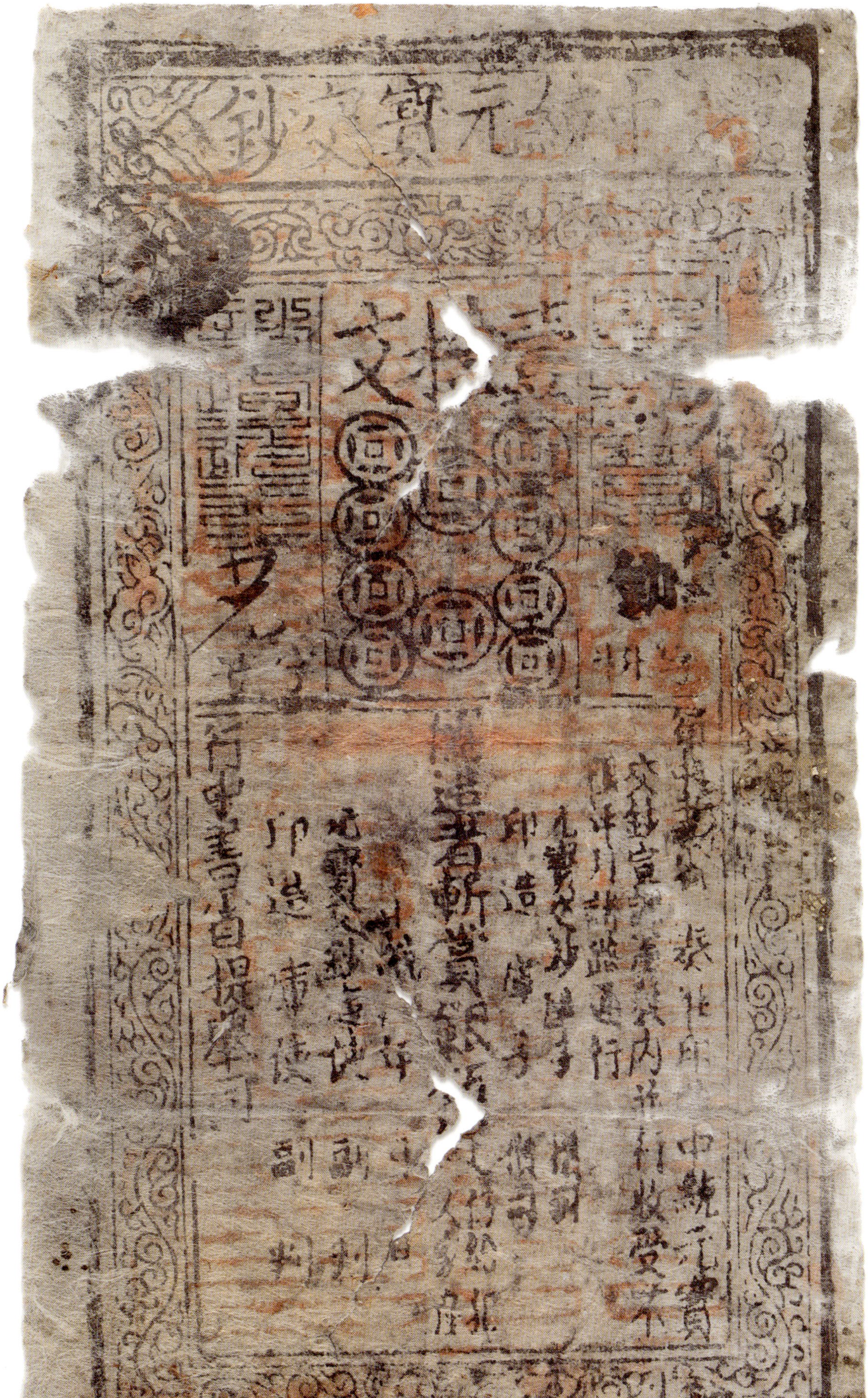
中統元寶交鈔

青花折枝花卉纹高足杯

元 \ 口径9.3厘米 底径3.8厘米 高8.3厘米 \ 征集

敞口，弧腹，喇叭形高圈足，足呈竹节状。通体施青白釉，杯沿装饰一圈弦纹，杯内绘有青花折枝花卉纹。在传世的元代青花瓷中，高足杯是最具时代特色的器物之一。

青釉瓜棱纹碗

元 \ 口径11.5厘米 底径3厘米 高5.3厘米 \ 征集

胎呈灰白色，质地坚硬。敞口，圆唇，斜弧腹，小圈足，外壁装饰瓜棱纹。通体施青釉，釉面温润，呈现出不同层次的颜色差异，增加了立体感。造型秀丽，制作精巧。

青釉花口洗

元 \ 口径12厘米 底径6.2厘米 高3厘米 \ 征集

瓷质，胎灰白致密。口沿呈菊瓣形，折沿、浅腹、平底、圈足，足底露胎。通体施粉青釉，釉色匀净，是龙泉窑系产品特征。盘底内压印盛开的花草纹饰，繁茂的枝叶围绕两朵怒放的花朵，枝叶舒展，线条流畅，层次感强。

青釉荷叶口刻花碗

元 \ 口径11.8厘米 底径3.1厘米 高5.3厘米 \ 征集

整体呈荷叶形，釉面莹润光亮，外观柔和淡雅，碗内刻有花卉纹饰。小圈足，胎质细密。

豆青釉刻花碗

元 \ 口径18.8厘米 底径7.8厘米 高7.9厘米 \ 征集

敞口，圆唇，弧腹下收，圈足。碗内壁刻划随意曲线，内底刻一株蔓草，灰白胎，胎质坚硬。通体施青釉，釉面光泽，釉色莹润，和厚重的胎体搭配相得益彰。

青釉刻花碗

元 \ 口径20.1厘米 底径7.4厘米 高8厘米 \ 征集

瓷质，胎质坚硬。敞口，弧腹，浅圈足。碗内壁刻划波浪纹，线条奔放有力，自由潇洒。外壁光素无纹饰，施满釉，釉色肥嫩青翠，底部有修胎和窑粘痕迹，露胎处呈现火石红色。

龙泉窑高足杯

元 \ 口径13厘米 高9.5厘米 \ 征集

杯身如碗形，敞口微外撇，圆唇，弧腹，向下渐内收，通体施青釉，釉面莹润光洁。下承弦纹高圈足。整体宁静内敛，简洁大气。

绞胎高足杯

元 \ 口径8.7厘米 底径3.6厘米 高6.3厘米 \ 征集

敞口外撇，深腹内收，喇叭形高足。绞胎纹理如水波，有起伏荡漾的视觉效果。釉色莹亮。绞胎工艺“法效百工”，是从琉璃器、织锦、漆器的绞花、团花、犀皮和菠萝漆等华美工艺中汲取灵感形成的新技法，以深浅两种不同颜色胎土进行绞制，使其形成颜色对比。

青白釉褐斑葫芦形执壶

元 \ 口径2.4厘米 底径5.1厘米 高11.2厘米 \ 征集

直口，曲柄，单孔弯流。壶身呈亚腰葫芦状，上葫芦椭圆，细腰，下葫芦浑圆，底承圈足。釉色介于青、白之间，褐斑点缀，点彩自然。执壶取葫芦造型，寓意吉祥。

青白釉印花葫芦形执壶

元 \ 口径1.8厘米 底长6.2厘米 底宽4.1厘米 高11.6厘米 \ 呼和浩特市托克托县中滩乡丁家窑村出土

壶身葫芦状，小直口，弯流，曲柄，壶嘴细长。执壶通体印花，图案立体。以肩部弦纹为界分为上下两区，上区自上而下装饰莲瓣及如意云纹，下区以回纹为地，主体纹饰为团龙，团龙细长矫健、刚劲有力、鳞片饱满、须发上扬、气势逼人。执壶釉色青中带白、白中闪青，恬静清白，淡薄隽永。

青釉斗笠碗

元 \ 口径13厘米 底径3厘米 高5厘米 \ 征集

斗笠式碗，大敞口，斜腹，小圈足。碗壁较薄，胎骨坚致，内外均施青釉，晶莹润泽，釉色温润。

青白釉八角杯及托盘

元 \ 杯口径7.8厘米 底径2.8厘米 高4.9厘米 ；托盘口径15厘米 底径12.3厘米 高1.3厘米 \ 征集

这套器物由杯和托盘组成，小杯撇口，呈八棱状，口沿较厚，弧腹，圈足，足底露胎以防粘连。托盘八棱形，折沿，浅腹，浅圈足，砂底。胎质细腻，莹润透彻。两者搭配使用，方便承托。

黑釉油滴碗

元 \ 口径10.4厘米 底径3.7厘米 高4.6厘米 \ 征集

敛口，弧腹，小圈足。胎色土黄，质地坚硬，除圈足外通体施黑釉，釉色介于黑褐之间，釉质较粗，釉面有疤痕及细小结晶斑点，略有银光色泽感，器型小巧秀丽。

黑釉褐斑碗

元 \ 口径19.7厘米 底径6.7厘米 高7.6厘米 \ 征集

敛口，深腹，实足，胎质灰白，通体施黑釉。釉色绀黑如漆，口沿釉薄，腹及底部釉水垂流聚厚，通体釉层中呈现渐变的窑变花纹，内壁釉层表面有五块大小相仿的色斑，俯看有流动之感。

黑釉剔花嘟噜瓶

元 \ 口径2厘米 底径7.5厘米 高24厘米 \ 征集

小口，圆唇外翻，短束颈，圆肩，鼓腹，隐圈足。通体施釉，乌黑发亮。肩与下腹刻两周弦纹，中间刻划盛开的牡丹花。制作时将图案外黑釉剔除，露出胎土本色，与黑釉形成鲜明对比。图案立体，层次分明。这种瓶子主要用于贮存酒水，因为口小腹大，肚子容量大，在倾倒的时候会发出“嘟噜”的声音，故名嘟噜瓶。

黑釉剔刻花卉纹罐

元 \ 口径28.8厘米 底径16厘米 高39厘米 \ 征集

厚圆唇，鼓腹，平底。通体施黑釉，肩颈剔刻一周莲瓣纹，肩与下腹以两周弦纹相隔，中间主图案为花卉纹，勾勒出花瓣与叶片的黑色花卉与剔出的灰褐色胎体形成鲜明对比，呈浅浮雕的效果。剔花刀锋凌厉，线条流畅洒脱，构图清新饱满，富有生气。

磁州窑白釉剔花枕

元 \ 长25.5厘米 宽27.7厘米 底径19.5厘米 高14厘米 \ 征集

瓷质。腰圆形，枕面前低后高，枕面剔刻盛开的牡丹花，先胎上施化妆土，上白釉，勾勒出花卉轮廓，再刻划花瓣及叶脉，剔除花纹以外的地子形成褐地白色花纹。瓷枕上的刻划花、刀法和构图三者浑然一体，雕琢出栩栩如生、活灵活现的画面。

铜玉壶春瓶

元 \ 口径7.2厘米 腹径13.5厘米 底径11厘米 高24厘米 \ 征集

铜质，素面。喇叭口，细颈，颈部饰弦纹，腹身垂鼓，圈足外撇。整体由上下两部分组成，腹部有明显接痕。玉壶春瓶又称玉壶赏瓶，始见于宋代，是一种装酒的实用器具，后从宋代的实用酒器逐渐转变为陈设器。铜质玉壶春瓶是北方地区特有的器物，流行于金、元两代，对研究当时生产生活状况具有一定意义。

钧窑碗

元 \ 口径19.3厘米 底径6.4厘米 高9.7厘米 \ 征集

敞口，弧腹下收，圈足。通体施月白釉，釉内气泡密集，釉厚，近足墙有聚釉，釉不及底。釉面局部有自然的窑变玫瑰紫彩斑。整体塑造自然、规整，不失整体的美感，端庄肃穆，古朴雄浑，为元代钧窑瓷器中的上品。

镶松石金耳坠

元 \ 高5.5厘米 \ 征集

耳坠由黄金、松石搭配而成。耳钩部分由较粗的金丝弯成，耳坠主体为松石。松石通体蓝绿色，有铁线。金丝在松石底部盘旋成花瓣状，花蕊中心原镶嵌宝石已遗失；另一端用金丝盘成螺式圆饼状。黄金饰品与松石的结合在中西文化中都有发现，并通过草原丝绸之路交融互鉴。

葫芦形金耳坠

元 \ 高4.5厘米 \ 征集

耳坠主体造型为葫芦形，顶端上部金丝弯成“S”形似葫芦藤蔓，葫芦表面金片锤打出瓜棱状凸起，葫芦下部由金片仰莲瓣托起，底部镂空，装饰有一圈连珠纹。形制精美，工艺精湛，葫芦形耳坠较为多见可能同葫芦的谐音“护禄”“福禄”有关。

人物故事纹金簪

元 \ 长12厘米 簪头长3.8厘米 宽2.5厘米 \ 征集

金质。由簪柄、簪面组成，无镶嵌。簪柄呈细长片形，素面无纹，扁平簪面透雕亭台及人物，右下楼阁分上下层，重檐屋顶，错落有致，装饰件之间的高低差让空间中各个元素产生联系，使静态的画面产生动态的效果。这件器物在方寸之间雕梁画栋，制作工艺精湛。

摩羯形玉耳环

元 \ 高4.7厘米 宽3.5厘米 厚0.7 厘米 \ 征集

青玉质，雕工因势随形。其外形为摩羯。摩羯是一种长鼻利齿、鱼身鱼尾的动物，出现于印度神话中；传入中国后与传统文化进一步融合，到隋唐时期，摩羯融入龙首的特征。摩羯纹样广泛见于宋辽金元的器物上。

镂雕花鸟缠枝莲纹玉顶

元 \ 长4.7厘米 宽2.7厘米 厚4厘米 \ 征集

玉质，呈青白色。采用深层立体镂雕，刻划水鸟戏莲的画面。鸟头顶有长翎，嘴衔一柄荷叶，羽翼后扬。底为花边平底，有两个对穿孔可用于结缀。深层立体镂雕通常在圆柱形的玉料上制作，按照预先设计用空心钻多次打孔定位，金属线具由此进入；并以潮湿解玉砂为介质，从不同角度反复拉搜去料成空洞；最后进行细琢、抛光。此物雕工精细，具有典型的元代风格。

银鎏金镶螭龙纹青白玉带扣

元 \ 长6.3厘米 宽5.7厘米 厚1.7厘米 \ 征集

椭圆形，主体青玉质。双层镂雕工艺雕刻纹样，底层镂雕缠枝莲纹，上层镂雕螭龙纹，嵌入银鎏金座托之上。螭龙前足伸展，后足呈爬行状，匍匐于荷莲之上。此带扣构图巧妙，造型优美，玉质细腻温润，雕工精湛，多层镂雕的技法，体现了元代玉器制作的工艺水平。

缠枝莲纹螭龙玉带扣

元 \ 长4.9厘米 宽3.1厘米 厚1.2厘米 \ 征集

玉质。呈青白色。为整套带扣中的扣头部分，整体微拱起。螭龙首，扣身表面浮雕缠枝花卉纹。背面长方形纽，光素无纹。带扣用料细腻温润，纹饰精美。

鸟首玉带钩

元 \ 长9.3厘米 宽1.7厘米 厚2.4厘米 \ 征集

玉质洁白油润，细腻纯净。整体呈琵琶形，面光素圆润。钩首作圆眼、尖嘴鸟形；钩腹部略拱起；钩尾弧形收紧。背面椭圆形纽，较矮。鸟首造型简约古朴，刀法粗犷劲逸。

银包木带板

元 \ 最大：长14.5厘米 宽5.3厘米 厚0.8厘米；最小：长5厘米 宽2.6厘米 厚0.8厘米；桃形：通长4.8厘米 宽5厘米 厚0.8厘米 \ 征集

木胎包银，一套十八件。带板形制多样，由长方形、桃心形、竖条形组成；板面四周边缘微凸；表面錾刻花卉纹样。纹饰饱满，图案灵动。带板又称带銙，为镶缀在腰带上的饰物，是身份和地位的象征，流行于唐、宋、元、明四代。元代带板形制发生了变化，新出现了桃形銙。

灵芝錾耳杯

元 \ 直径7.5厘米 高3厘米 \ 征集

铜鎏金质。圆形。敞口、浅腹、弧壁、平底、无圈足，器身一侧饰灵芝形錾耳，通体鎏金，造型独特。灵芝是吉祥如意的象征，作为中国历史上特有的祥瑞图案，寓意着吉祥如意，长寿福禄。錾耳杯为一种饮器，反映了北方地区的饮食文化。

青铜爵

元 \ 长12.8厘米 宽6厘米 高13厘米 \ 征集

铜质。圜底圆体。前有流，即流槽；后有尖锐的尾；流与尾交处有两对称立柱；腹部环饰回纹；杯体一侧有兽首錾耳；下有三锥足。青铜爵是最早的青铜酒器，也是最早的青铜礼器之一，造型独特奇巧为中国所独有，流行于夏代晚期至西周中期。此爵为元代仿制早期青铜器制品。

兽耳铜壶

元 \ 腹径8厘米 底边长5.8厘米 高20.5厘米 \ 征集

铜质。方口、方足，器身分三段。颈部两侧兽耳，兽首衔环。通体凸雕花纹，从上至下分别饰兽面纹、云雷纹、双鹿树叶等纹样。纹饰精美复杂，制作考究。

铁熏炉

元 \ 口径20.5厘米 厚0.7厘米 高24.5厘米 \ 征集

铁质。撇口、束颈、溜肩。肩部镂雕“卍”字纹；腹部上下各饰一圈联珠纹；腹部绘动物图案并有铭文，模糊不可辨读；腹下三个兽面分裆空足。早期，熏炉只是一种高雅的生活器具和祭祀用具；以出香为目的的熏炉最早出现在汉代。熏炉彰显着古人的审美观念、文化品位、生活情趣，具有一定的文化、历史考究价值。

兽面纹瓦当

元 \ 直径14.9厘米 \ 呼和浩特市托克托县丁家窑村出土

泥质灰陶。圆形，素宽缘。用凸起弦纹区分内外区，兽面纹样居中，S眉、怒目圆睁、高颧骨、朝天鼻、阔口，缘周围环绕一圈卷曲鬃毛。制作规整，兽面不怒自威。

黄绿釉龙纹香炉

元 \ 口径14.5厘米 高19.2厘米 \ 征集

陶质。盘口，粗颈，双立耳，鼓腹，三兽足。颈部堆塑花卉四朵，立耳上装饰卷云纹，下端贴塑对称凤耳，腹部刻海水龙纹，双龙穿行在波涛海水之中。陶胎施彩釉，施釉不及底，整体采用堆塑、模印等装饰方法，纹饰生动逼真，色泽艳丽。

黄绿釉浮雕迦陵频伽纹砖

元 \ 长42厘米 宽26厘米 厚5厘米 \ 呼和浩特市武川县出土

倭角长方形，泥质红胎，胎质坚硬。环边分布着六个用于加固的钉眼，低温铅釉呈绿色，表面反白光，背面不施釉。砖面图案为鸟身人面，鸟足利爪分叉，面部不施釉，黑漆点眼，双手合十，姿态优雅，神情安详。这种鸟身人面的形象被称为“迦陵频伽”，是辽金元时期佛教常用装饰题材。

青铜坐狮

元 \ 高30厘米 底宽15厘米 \ 征集

铜质。一套两件，造型为身躯劲瘦、相对坐立的狮子。狮子卷耳，深目；阔鼻，口微张；一尾上竖，一尾卷曲于背部；胸带瓔珞；前肢直立，后肢蹲坐。坐狮通身饰几何纹饰，线条刻划细腻、流畅，形象生动、立体，富有动感。古人认为狮子是灵兽、瑞兽。

铜鎏金胡人雕像

元 \ 其一：高20厘米 底长7.7厘米 底宽6厘米；其二：高20厘米 底长7.5厘米 底宽5.8厘米 \ 征集

铜质。一套两件，施鎏金工艺。一人深目高鼻，尖帽顶，垂鬓，怀抱马驹；另一人头戴圆帽，卷发，环眼阔鼻。鎏金是将金与水银合成“金汞齐”，将其涂于铜器表面，加热使水银蒸发后只余金留在铜器表面而不脱落的一项技术。起始于战国，工艺考究。人物形象有着典型现实主义写照与特殊视觉文化意义，该雕像见证了元代统一多民族融合的发展盛况，是研究元代生活、服饰文化及中华民族共同体发展史的重要实物资料。

梵文“普照大千”铜镜

元 \ 直径9.4厘米 \ 杨鲁安先生捐赠

铜质。镜面光洁平滑。镜背正中圆纽，中心区阴刻直读汉字“普照大千”及梵文，梵文亦为“普照大千”之意；再外一周阴刻梵文，文字内容不可考。

明清民国时期

明清时期，中国古代各自特点鲜明的农耕文明与游牧文明在这里交汇和融合。明代，归化城的建立，标志着土默特地区等广大区域得到了开发。以大盛魁为代表的旅蒙商在此诞生，归化城已成为大漠南北商贸往来的物资集散地，是地方政治、经济、文化的中心。清代，随着八旗驻防制度的实施，绥远城的建立，逐渐形成“旗管蒙、厅管汉”的一地二制的管理体制，归化、绥远合并奠定了今天呼和浩特城市格局。随着内地大量移民涌入呼和浩特地区，各民族联姻及移民迁徙，农业开垦规模扩大，商业日趋繁荣发展，北部边疆的稳固促进了统一多民族国家的发展。1913年，归化、绥远两城合并，设“归绥县”；1929年，改绥远行政区为“绥远省”，归绥县城区改名为“归绥市”，直至中华人民共和国成立前，“归绥市”几易其名。各民族交流交往交融成为常态，在共同生产生活，革命斗争的过程中，形成了对伟大祖国的认同，对中华民族的认同，对中华文化的认同，对中国共产党的认同。1921年，中国共产党成立后，呼和浩特各族人民在党的领导下，取得了新民主主义革命的胜利。1954年，中央人民政府撤销绥远省，归内蒙古自治区领导，归绥市改名为“呼和浩特”，成为自治区的首府。

文徵明虎丘即事诗图册

明 \ 长33.3厘米 宽19.5厘米 \ 杨鲁安先生捐赠

丝质。行书四开，行十字，左上顺读，吴玉如小楷题跋。诗文：“碧山收雨绿阴成，白苧翻歌夏意清。春事不嫌三月尽，胜游刚喜四难并。”虎丘是苏州主要胜迹之一。文徵明，原名壁（或作璧），字徵明，号“衡山居士”，世称“文衡山”。明代著名画家、书法家、文学家，书画造诣极为全面，其行书笔法圆润流畅、结体端庄典雅、布局疏朗明快，给人以强烈的艺术感受。

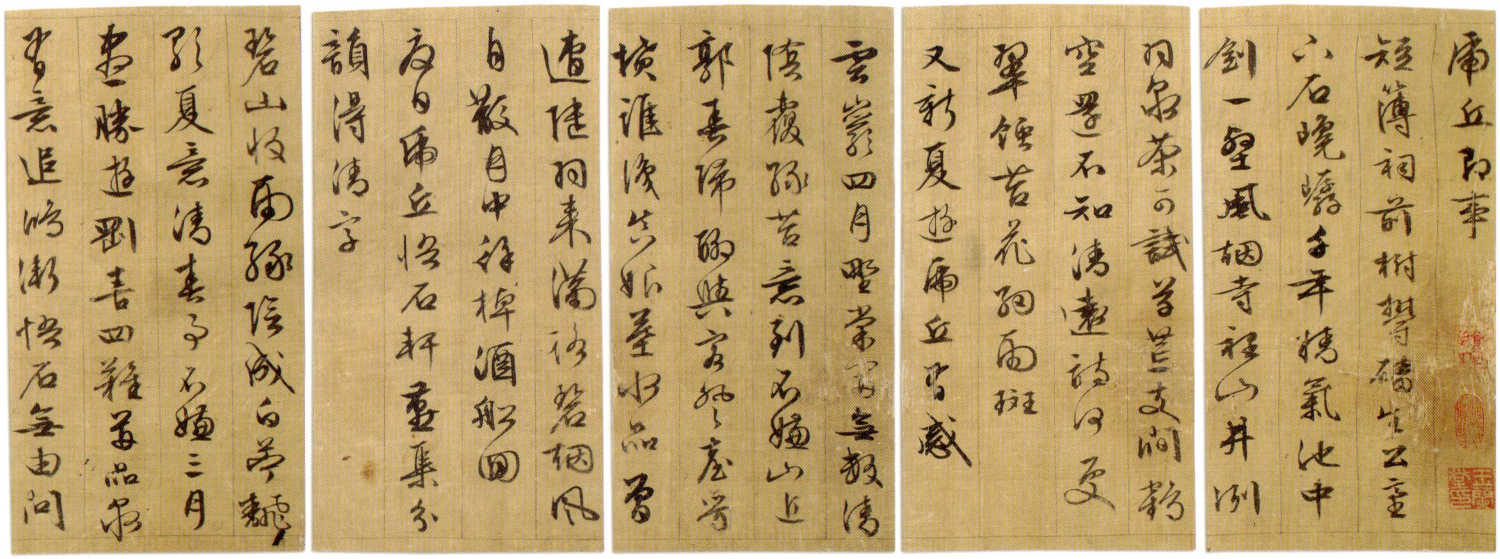

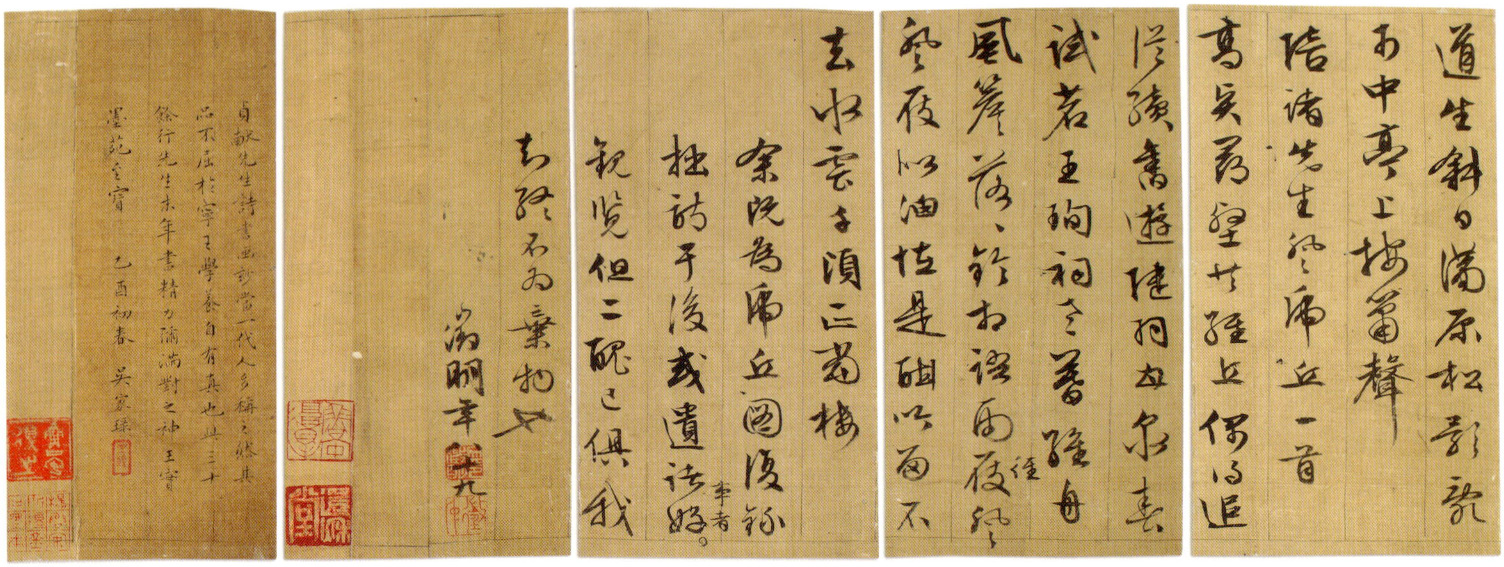

程君房坤卦墨

明 \ 长5.9厘米 宽5.2厘米 厚1厘米 \ 杨鲁安先生捐赠

方形墨锭，通体漆衣，墨质坚精密致。正面阳刻人物纹，布局精巧，繁而不乱，人物刻画栩栩如生，构成一幅生动、趣味的故事性画面；背正中阴刻一周弦纹，圆形正中阴刻八卦之一的坤卦。程君房系明万历年间（公元1573—1620年）安徽歙县人，是明代著名制墨家。其所制墨品精良。

鹅形玉坠

明＼长5.8厘米 宽4.5厘米 厚1.4厘米＼征集

玉质。呈青白色。圆雕，鹅颈部弯曲，口衔灵芝，尾部上翘，阴刻羽毛，根根分明，形态温驯安静，形象地刻绘出鹅栖息的瞬间，惟妙惟肖。

镂雕龙纹玉牌

明＼长6.6厘米 宽4.6厘米 厚0.7厘米＼征集

玉质。长方形框内双层透雕缠枝花鸟纹，主体为龙纹，其上有飞鸟、下有花草，刻绘出龙奔腾于花鸟云海之间。龙头宽额，龇牙外露，发毛上冲，双角向后伸展。龙身细长蜿蜒曲折，具立体效果。此牌玉质细腻，构图巧妙，雕工精湛。

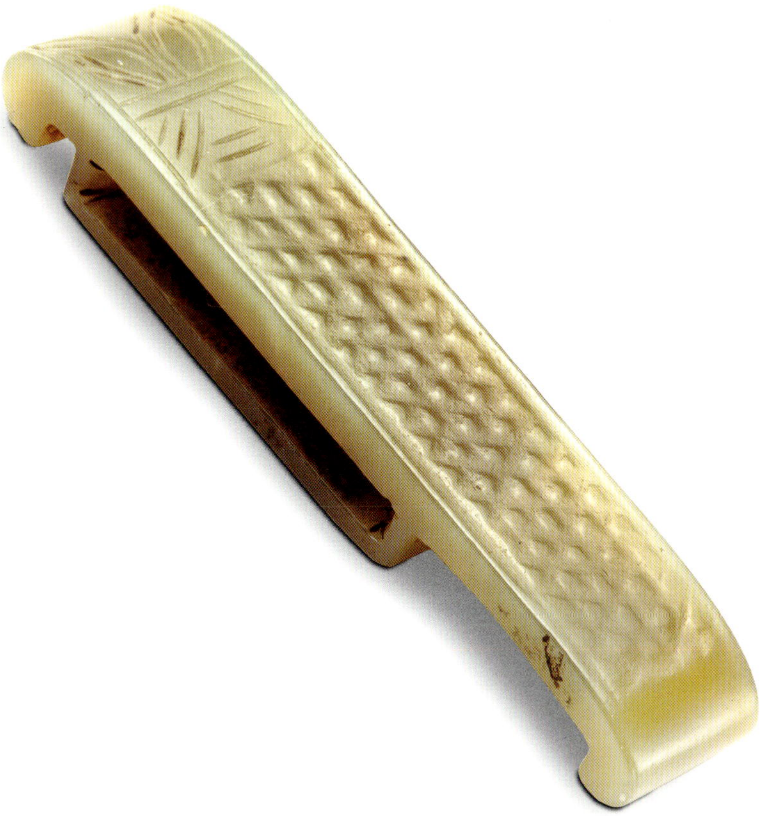

玉剑璏

明 \ 长7厘米 宽1.4厘米 厚1厘米 \ 征集

青玉质。呈长方形。上部呈拱形，下部有长方形穿孔。璏的表面饰谷纹，一端饰兽面纹。剑璏是古代装饰于宝剑上的玉饰之一，穿系于腰带上，可将剑固定于腰间。

雕螭龙纹玉带扣

明 \ 长12.5厘米 宽4.4厘米 厚2.4厘米 \ 征集

白玉质。由带钩、带扣两部分组成。带钩、带扣各浮雕一螭龙纹，螭龙作蜷身状，嘴微张，口衔灵芝。带钩为龙首，眼圆形微凸，两角后扬。背面各有一对称圆形纽。刻工精湛，寓意吉祥。

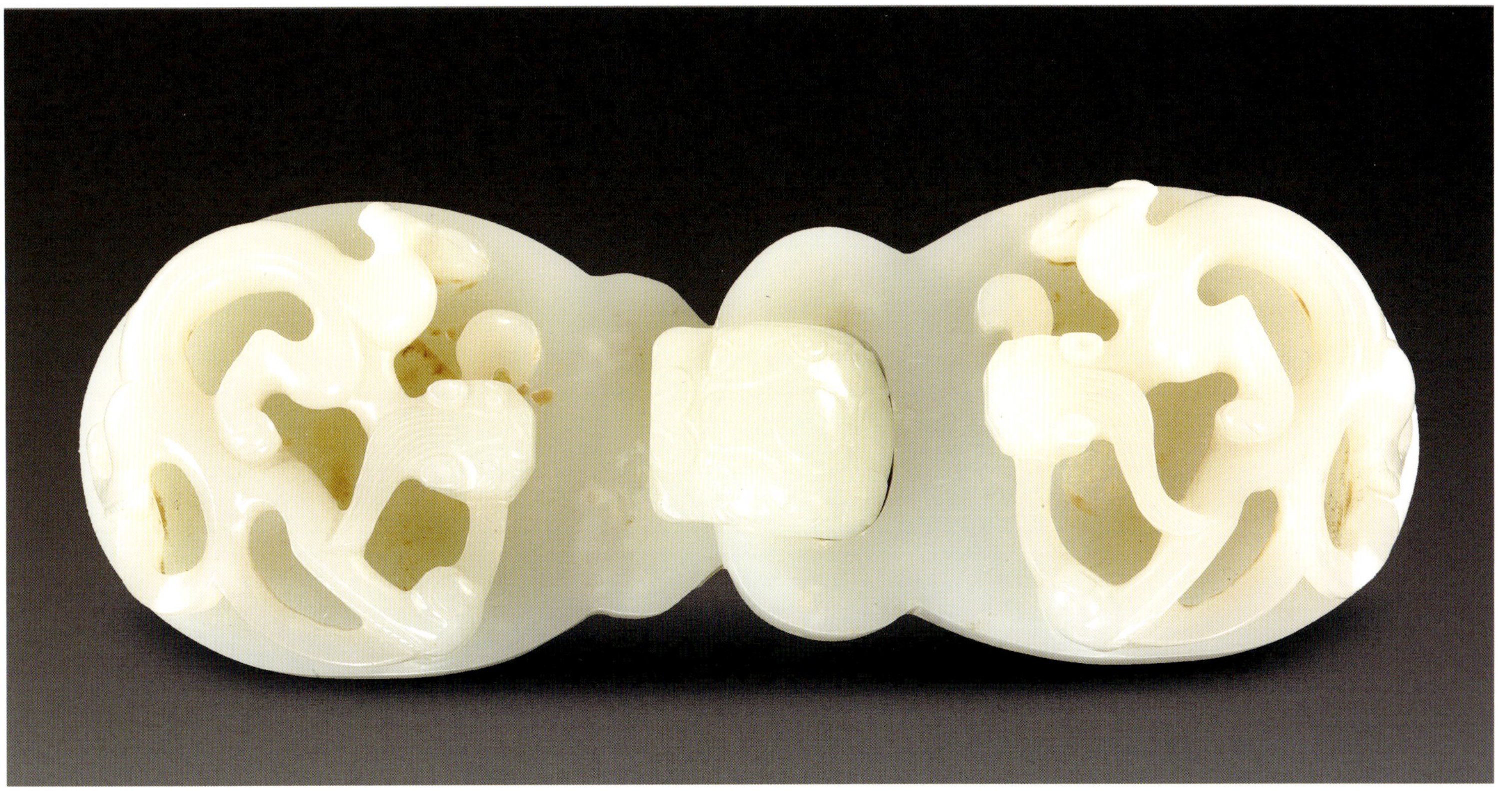

龙耳玛瑙杯

明 \ 口径6.6厘米 底径3.2厘米 高3.8厘米 \ 征集

玛瑙质。灰白色带黄褐色和黑色斑纹。杯为撇口，深腹，圈足。杯身光素无纹。一侧凸雕一龙形耳，龙嘴衔杯口沿，有向下的小尾。

青釉碗

明 \ 口径17.5厘米 底径7.2厘米 高10厘米 \ 征集

敞口，弧腹，圈足略高；胎体厚重，施青釉。碗内外壁口沿各刻回纹一周。内壁刻花卉纹，外底心有釉，周边露胎，呈火石红色。

青花瓔珞纹罐

明＼口径3.9厘米 腹径15.6厘米 底径10.8厘米 高16.7厘米＼征集

直口，短颈，鼓腹，卧足。颈部饰蕉叶纹；肩部一周饰如意纹；腹部遍饰瓔珞纹，间或以莲花等加以点缀。胎质细腻坚硬，底釉为亮青釉。青花颜色淡雅，画工自然流畅。瓔珞纹在明万历年间瓷器上较为常见。

铜火铳

明＼长44.2厘米 口径2.2厘米＼呼和浩特市托克托县黑城子乡征集

铜质。铳身分为三部分：前膛（铳膛）、药室和尾銎。前膛约占铳体的2/3，用来放置弹丸；药室呈瓮形，用于装填火药，药室两端共有三道箍，以加固铳身防止爆裂，药室上有火门，火捻从中通出；尾銎部可以插上手柄，方便举放。在铳膛阴刻“水军左卫教师沈名二刁孝军人阿德铳筒重三斤八两洪武十年□月□日造”铭文。

米拉日巴唐卡

明 \ 高81.5厘米 宽59.9厘米 \ 征集

彩绘米拉日巴形象，头披长发，穿白色袒右肩长袍；半跏趺坐于垫上；左手牵莲，右手举在耳旁作倾听状。其四周以回环式构图表现了米拉日巴的生平事迹，主要包括与他人辩经、为人治病、接受供养等情景。整幅唐卡设色以红、白、青三色为主，构图繁而不乱，以连环画的形式表现修行者米拉日巴学习、修行、生活的场面。绘画技巧成熟，描绘生动。

弥勒菩萨壁画

明\宽97厘米 厚5.5厘米 高192.5厘米

此幅弥勒菩萨壁画原在呼和浩特市大召经堂下层西壁。1984年由于大召经堂落架大修，进行抢救性揭取；1985年由文物修复专家做加固保护；1990年入藏呼和浩特博物馆。呼和浩特市大召寺始建于明万历七年（公元1579年），壁画的粉本绘于明代。弥勒，原名慈氏，是弥勒佛的化身。画中的弥勒着菩萨装，半跏趺坐于莲台上；头束高髻，戴冠，身披帛衣；俯首低眉，丰颊厚唇。身右侧为金色法轮，左侧为花台宝瓶，双手施法印，身体微微抬起并向前倾，姿态优美。

花变主题佛壁画

明 \ 宽205厘米 厚6.5厘米 高210.5厘米

此画原在呼和浩特市大召经堂东壁。主题佛结跏趺坐于莲台、施无畏印。环绕其左右上方有五佛，左下角绘着世俗衣冠的信众。这幅局部相对完整的佛陀花变图，仅是原大召经堂下层的东西壁面上、通景式描绘佛陀十五神变图中的一幅场景。

此幅壁画，对物象的描绘表现比较细腻、富有质感，以雄劲、流畅的笔触细腻刻画出人物面目神态。在山水绘制技法上，采用墨笔线条勾勒与石青石绿的皴擦晕染，其视觉效果颇具纸本青绿山水的质感。从整体构图上看，主人物与环绕其周围的各种人物颇有动感，山水背景烘托相得益彰，是研究明代佛教信仰、壁画艺术发展及流派传承的重要史料。

伎乐天壁画

明＼宽69厘米 厚4厘米 高79.6厘米

此画原在呼和浩特市大召经堂西壁。画面中三位伎乐天神乘祥云而降，身着帛衣，面容丰满，头戴冠，颈戴项圈；胸佩璎珞，臂戴钏；上身袒露，下身着裙，帛带绕身。其一敲鼓，其一击钹，其一吹号，神态各异。在伎乐天右上方是一尊侧卧云端的释迦牟尼佛，其右手支在耳部，左手抚衣襟，神情安逸，似倾听伎乐天演奏的美妙音乐。

佛教故事壁画

明\ 宽78厘米 厚4厘米 高118厘米

该壁画原在呼和浩特市大召经堂东壁。主人物位居画面中央，双膝着地，双手合十。其他僧俗或立或坐，或肩扛供品，或两人提篮，或拈花献佛。绘画技法注重写实传统，平淡中有变化，写实中有夸张。以红、黄、蓝、绿色为主调，色彩艳丽，风格拙朴、厚实，具有相当的历史价值和艺术价值。

伽娄罗鸟壁画

明 \ 宽84.5厘米 厚4厘米 高77厘米

此画原在呼和浩特市大召经堂东墙南部。画面绘印度神话中的神鸟，人面鸟身，梵语称“伽娄罗”，因翅膀金色而得名。传说其两翅长，住在须弥山下面，取龙为食。画面中两只伽娄罗鸟，一只展翅俯冲向下，另一只手握法器昂首站立。该壁画绘制精美，布局合理，动静态相互结合，具有十分高超的艺术境界和水平。

佛教故事壁画

明 \ 宽102.5厘米 厚4厘米 高73.2厘米

此画原在呼和浩特市大召经堂西壁。主人物头戴冠，右手托钵，钵中盛宝物，信众围绕。画中人物或仰望或倾听，形态各异，栩栩如生。画面布局疏密有致，主次分明。其中人物服饰具西北地区服饰特征。

铜菩萨像

明 \ 座长14.5厘米 宽9.5厘米 高22.1厘米 \ 征集

铜质。菩萨像。结跏趺坐于莲台上，双手结禅定印。头戴花冠，胸前佩璎珞，身披帛带。面容丰满，低眉垂目，神态慈悲安详。底座背部有“清才造”铭文。根据外形特征及工艺制法，应为中原地区制品。

“新调江宁将军丰绅”手本

清＼长30.5厘米 宽6厘米 盒厚1厘米＼征集

竹质。长条形，上端饰金属云头形饰片，通体施清漆，一面居中靠上位置竖写一行“新调江宁将军丰绅”字样，外带木盒。

丰绅（公元1821—1898），吴扎拉氏，字汉文，满族正白旗人。曾任笔帖式，骁骑校，防御，佐领，协领，副都统等职。同治十三年（公元1874年）正月二十九日奉旨补授黑龙江将军，光绪五年（公元1879年）十一月调补绥远城将军，光绪十年（公元1884年）闰五月调补江宁将军，其一生参加700余战，被奉为常胜将军，光绪二十八年（公元1902年）卒。丰绅任绥远城将军期间，进行了著名的“七厅改制”，七厅所辖地区为归化厅、萨拉齐厅、清水河厅、和林格尔厅、丰镇厅、托克托厅、宁远厅，这一地区北接边疆，西临河套、南屏长城，地势重要。此为丰绅生前用物。

布公文袋

清 \ 长84.5厘米 宽36.5厘米 \ 征集

棉布质。长方形。折叠使用。正反两面均有版印制式，一面标注有时间、地点等，另一面为注意事项等内容，布面留有朱色印章痕迹。这件公文袋为研究清代公文投递程序、驿站设置和各官署之间信件往来提供了实物凭证。

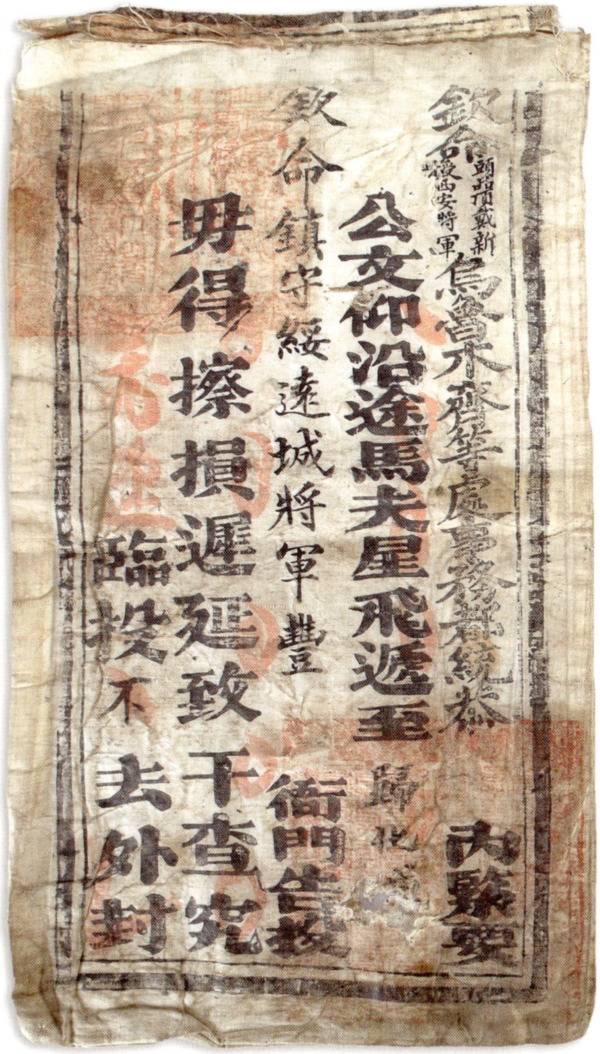

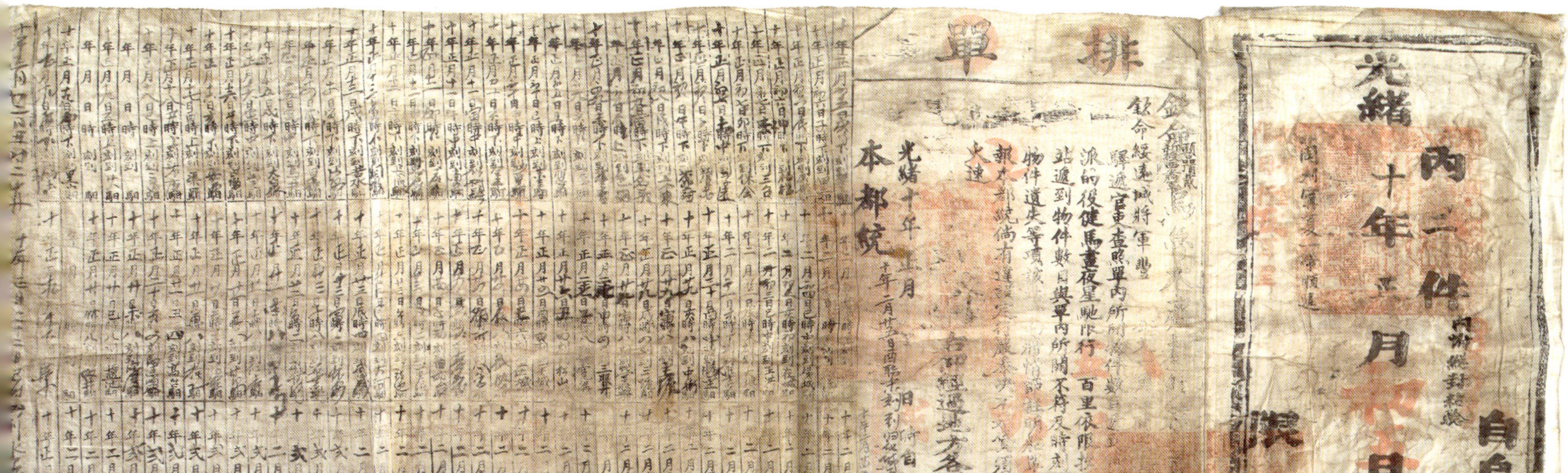

绥远城“镇宁门”石匾额

清 \ 长154厘米 宽73厘米 厚25厘米 \ 呼和浩特市出土

石质。镇宁门为绥远城北城门之名，乾隆皇帝钦定佳名，寓意镇定宁静，希望百姓生活安定。“镇宁门”为三种文字镌刻，汉字居中，左满文、右蒙古文依次布局，边框刻饰缠枝纹。绥远城是清朝为巩固疆土、稳定边陲而建，此匾额为研究绥远城历史的重要实物见证。

绥远城“承薰门”石匾额

清＼长154厘米 宽75厘米 厚25厘米＼呼和浩特市内蒙古大学工地出土

石质。承薰门为绥远城南城门之名，乾隆皇帝钦定佳名，承薰暗含接收、兼容并蓄之义。“承薰门”由三种文字镌刻，汉字居中，左为满文，右为蒙古文，边框刻饰缠枝纹。该匾额于1983年在内蒙古大学工地发现，移交给呼和浩特博物馆保管，2003年移交将军衙署博物馆收藏，是绥远城遗存的重要文物。

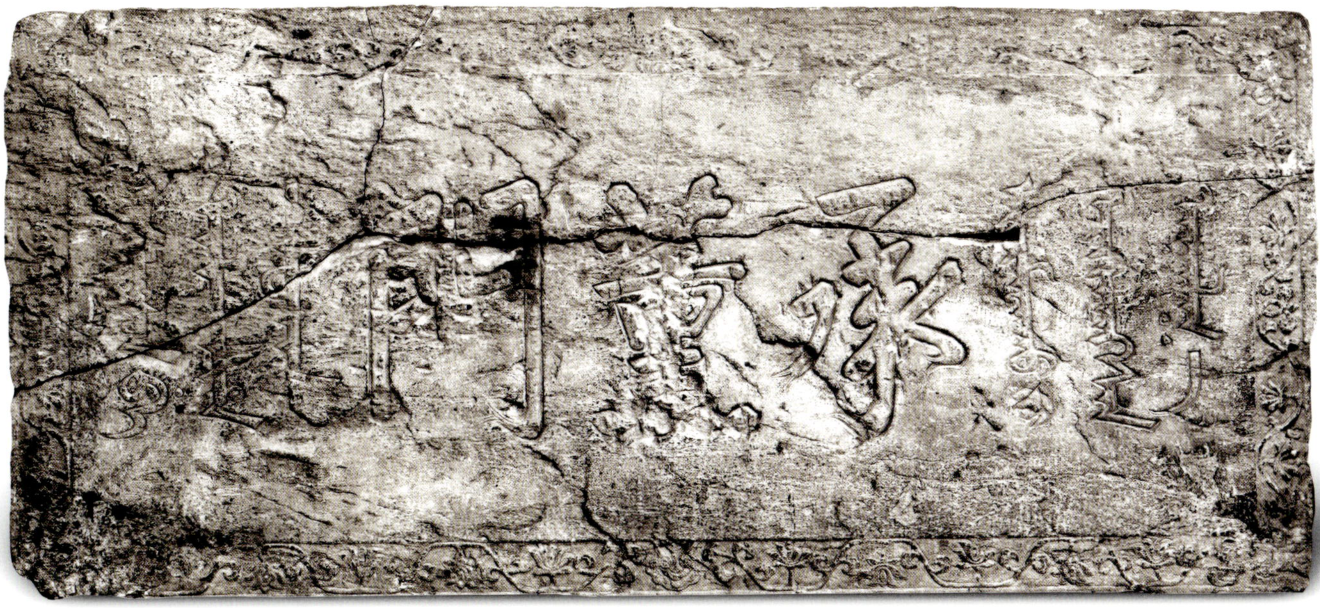

绥远城将军德勒克多尔济功德牌

清＼碑身宽118厘米 碑身厚30厘米 高489厘米＼呼和浩特市太平庄乡黑砂图村出土，由绥远城将军德勒克多尔济后人捐赠

石质。为清代同治皇帝御赐绥远城将军德勒克多尔济之功德碑，由碑首、碑身、碑座三部分组成。碑首雕刻二龙戏珠纹饰，碑座雕刻海水纹，上圆雕赑屃。碑阳题记“圣旨”，碑阴题记“御赐碑记”。正面碑文为满、蒙、汉三种文字，主要内容记载德勒克多尔济将军的生平及道光十一年至同治七年（公元1831年—1868年）三十七年之间，担任两任绥远城将军的功绩。

鄉賜碑記

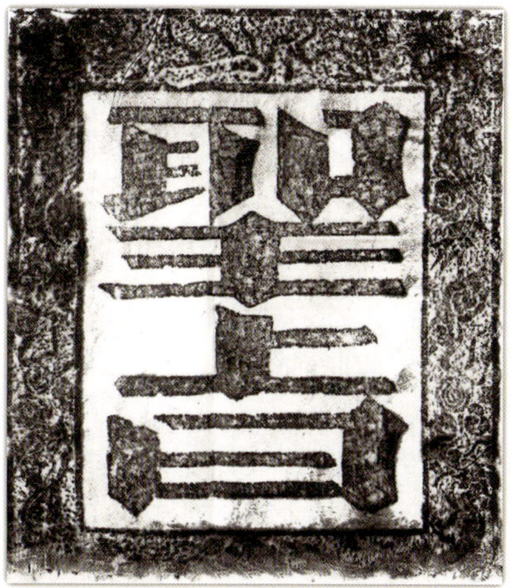
聖旨

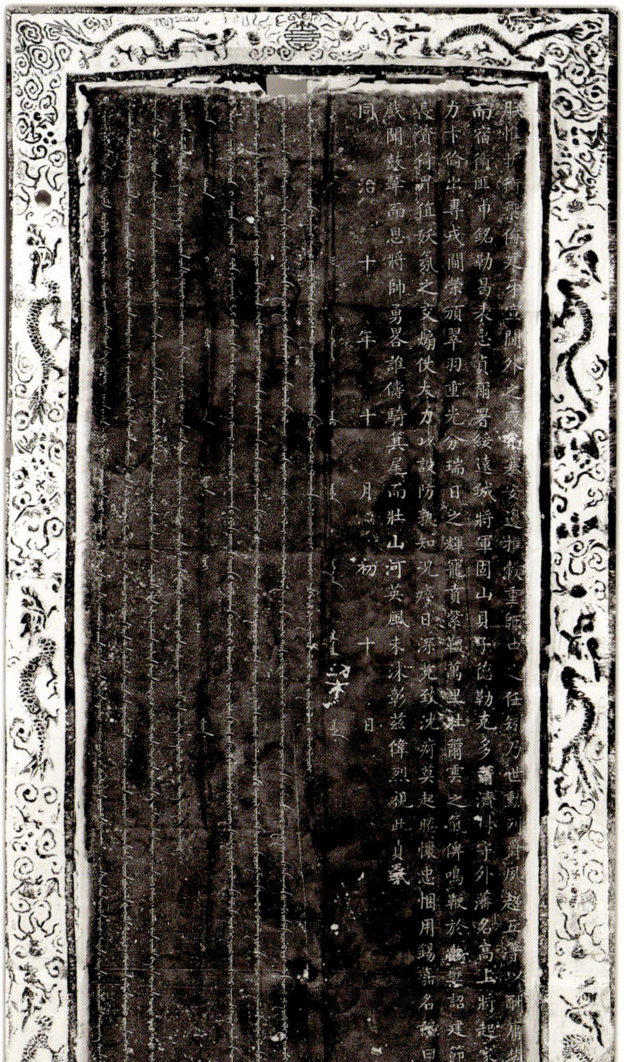

吴昌硕草书诗扇面

清＼横55厘米 纵26厘米＼杨鲁安先生捐赠

纸质。折扇形，上宽下窄。扇面题诗开头为“绕脚红尘入面沙”，诗文内容诙谐有趣，行笔奔放自然。吴昌硕所题草书既有石鼓文的笔力骨线，又兼汉碑的魄力气度。吴昌硕，初名俊，又名俊卿，字昌硕,号仓硕、老缶、苦铁，晚清民国时期著名画家、书法家、篆刻家，“后海派”代表，西泠印社首任社长。

任薰渔翁泛舟图扇面

清 \ 横52厘米 纵24厘米 \ 杨鲁安先生捐赠

纸质。折扇形，上宽下窄。以渔人撑舟穿行于芦蒿为主题。渔翁身披蓑笠，须髯细密，两侧植物布局层次清晰，由远及近，疏密得宜，营造出广阔意境。整幅扇面画作重视疏密虚实的主从关系，布局精巧；画面色彩淡雅清新，浓淡相宜；人物与场景之间的互动给人以静中生动、空灵明快之感。作者任薰，清代画家，字舜琴、阜长，是“海上画派”代表人物之一，与任熊、任预、任颐被后人合称“海上四任”。

张熊花鸟扇面

清＼横52厘米 纵24厘米＼杨鲁安先生捐赠

纸质。折扇形，扇面上宽下窄，面绘花鸟图案，设色明快艳丽。嶙峋山石间百花怒放，生机勃勃，靠近手柄处，一枝凌空而出，鸟儿在枝头驻足鸣叫。整幅画作给人艳丽与素雅相得益彰的协调美感，充分表现了画家的技巧和功力。张熊，字寿甫、子祥，号西厢客、祥翁，又号鸳湖外史、鸳湖老人。擅画花卉，其作品雅俗共赏，被称为“鸳湖派”。

王闿运楷书《夜泛东湖即事二律》扇面

清 \ 横52厘米 纵21厘米 \ 杨鲁安先生捐赠

纸质。折扇形，上宽下窄，上有金片或金屑作装饰。扇面楷书诗文，文后落款。“夜泛东湖即事二律”为诗文标题，显示此诗乃作者王闿运夜泛东湖时有感而创作。王闿运，晚清经学家、文学家，字壬秋、壬父，号湘绮，世称湘绮先生。擅行楷，书法婉转俊逸，字体端庄俊秀中又颇有灵动之清韵。

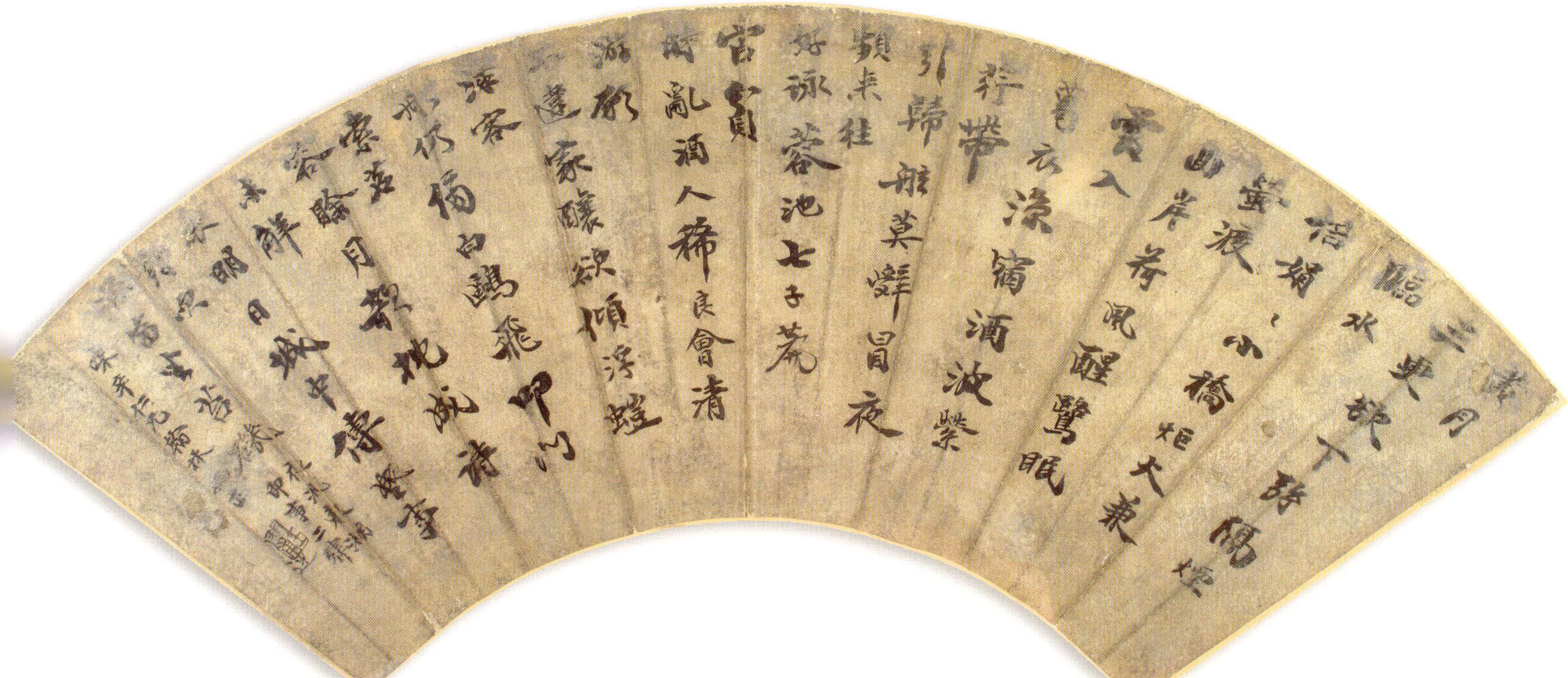

曹素功制“惜如金”墨锭

清＼长8.9厘米 宽2.1厘米 厚1厘米＼杨鲁安先生捐赠

长方形条状，墨质细腻。面饰描金云龙纹图案，画面栩栩如生，气势磅礴。背镌描金“惜如金”楷书三字，源自典故“惜墨如金”，指写字、作画、作文态度严谨，力求精练。曹素功为清代徽墨“四大家”之首，也是中国制墨史上延续时间最久、名气最大的老字号之一。曹素功墨做工精细，色泽黑润，其内在质地可达“三如”，即坚如石、纹如犀、黑如漆。

“黄山松烟”殿试策墨锭

清＼长9.4厘米 宽2.3厘米 厚1.2厘米＼杨鲁安先生捐赠

长条状松烟墨锭，面描金如意纹边栏，居中描金楷书“黄山松烟”。两侧楷书阳文款识“道光庚申年造”“殿试策墨”，标示制造时间及用途。背阳文楷书“徽州曹素功按轻胶十万杵易水法制”标示出制墨工艺。松烟墨原料以徽州黄山盛产透脂松(黄山松)最佳，自清以来，一直作为殿试策墨。

“百福并臻”朱砂墨锭

清＼长5厘米 宽1.6厘米 厚1.1厘米＼杨鲁安先生捐赠

长方形条状朱砂墨锭，由朱砂等原料制成。墨锭通身饰连绵不断的卷云纹为地；面饰九只描金蝙蝠，代表百蝠。蝙蝠飞临寓意“进福”，九既为阳数又为极数。“百福齐臻”亦作“百福并臻”，意为各种福运同时来临。明清年间，朱砂墨大多供皇家御用。清代皇帝常以其在奏章上做批示。此墨装饰图案华丽精美，颜色红润艳丽，集绘画、雕刻等多种技艺于一体，是实用与审美相结合的墨中精品。

御制“昭庆寺咏”墨锭

清 \ 长5厘米 宽4.6厘米 \ 杨鲁安先生捐赠

御制方形倭角墨锭，造型别致，装饰构思精巧，诗画相合。面描金楷书“御制昭庆寺庚子”款识及乾隆《昭庆寺》五言诗。诗文：“欲驻西湖畔，先从北岸游。过堤门便入，忆昔水同流。如是金仙礼，无须贝帙搜。闲窗五字咏，静室一茶留。春到松恒古，风来竹亦秋。前题石碑泐，不忍更凝眸。”背饰山水、茂林修竹下的昭庆寺图案，使观者如身临深山古寺，营造了幽林听梵音的清幽境界。

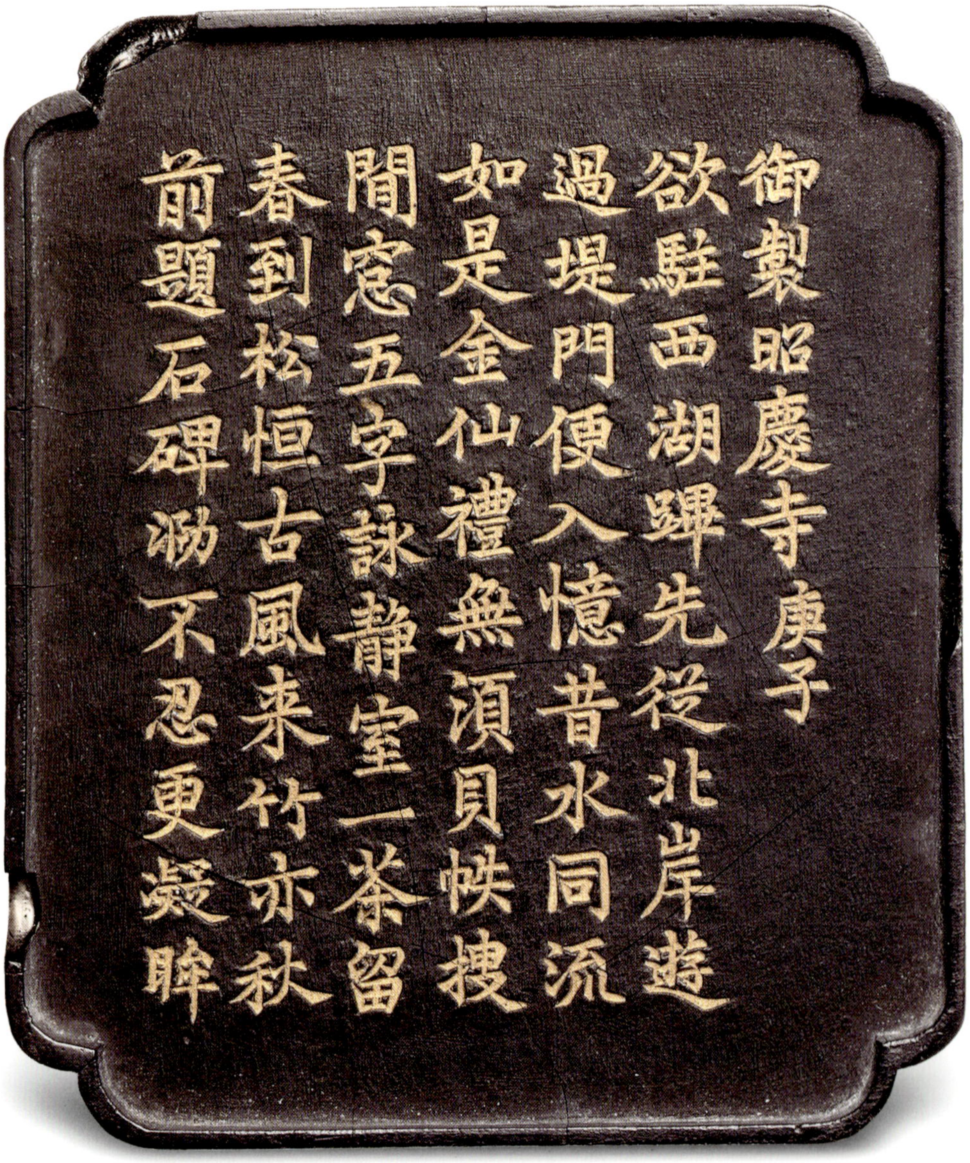

银鎏金嵌宝凤冠

清代 \ 最大：长24厘米 宽16.5厘米；最小：长5.1厘米 宽2厘米 \ 征集

凤冠由银丝编织而成，上面缀双龙、如意、缠枝饰件。下部装饰有七只银凤，凤身鎏金并镶嵌红料珠，凤与凤之间雕有人物图案和玉饰相隔，中心缀有火焰形宝珠。另有一鎏金嵌蜜蜡发簪。

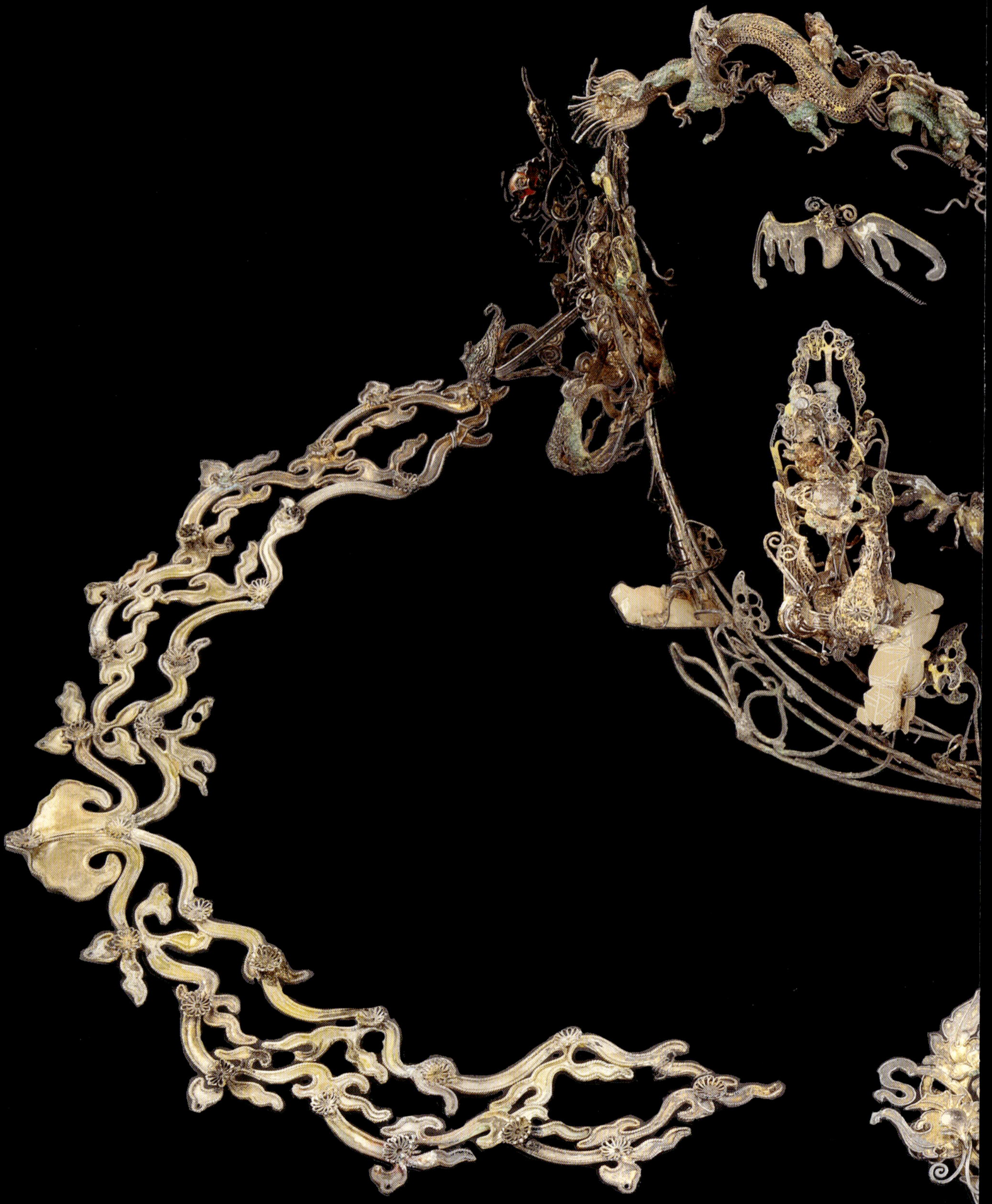

银镶珊瑚头饰

清 \ 头箍直径17厘米 高68厘米 \ 征集

由额箍、额穗、鬓侧饰、脑后饰、胸饰组成。额箍以青布衬底，银镶珊瑚花片缝缀于头箍上而成；额穗由滴水形珊瑚珠、松石及银珠穿成，与头箍缝缀成一体；侧流穗由珊瑚、松石、银珠穿成，末端坠葫芦形银片；脑后饰由多个正方形掐丝镂空银镶珊瑚及双排珊瑚米珠缀成卷云纹饰缝为一体。该头饰为清代乌兰察布部妇女所戴。

银镶珊瑚珠串头饰

清＼额箍径15.3厘米 长40厘米；挂饰长41厘米 宽5.2厘米；带链挂饰长72.5厘米 宽4.8厘米＼征集

由额箍、额穗、鬓侧流穗、耳饰组成。额箍由青布底衬，银镶珊瑚松石花片缝缀于头箍上而成；额穗作网格状，由珊瑚、松石及银珠穿成，与头箍缝缀成一体；侧流穗由珊瑚、松石、银珠穿成，末端坠鱼形银片和铃铛；耳侧饰由掐丝镂空银镶珊瑚、松石及珠串组成。该头饰为清代乌拉特部妇女所佩戴。

银鎏金镶珊瑚头饰

清 \ 头箍径14厘米 后摆长62厘米 宽32厘米 流苏长38.2厘米 \ 征集

由额箍、额顶饰、鬓侧流、脑后饰组成。头围额箍由黑色布条作底衬，镂空银鎏金座镶嵌珊瑚及松石珠缝缀于头箍上而成。脑后饰为珊瑚、松石珠及银烧蓝片穿成菱形网格式帘，前有额顶饰流穗及侧流穗。该头饰为清代察哈尔部妇女所戴。

鎏金银镶珊瑚头饰

清 \ 额箍直径20厘米；挂饰长50厘米 宽5.8厘米；侧挂饰长32.8厘米 宽7.4厘米；鬓侧饰通长52厘米 宽5厘米 \ 征集

由额箍、鬓侧饰、胸饰及耳挂饰组成。额箍由青布底衬，银镶珊瑚花缝片缀于头箍上而成；鬓侧饰由掐丝镂空银镶珊瑚、松石、珊瑚珠用线穿成，末端坠为滴水形银片；侧挂饰由掐丝镂空银镶嵌半圆形、长条形珊瑚及珊瑚珠穿成；胸饰由银镶嵌珊瑚、松石珠穿成。此头饰为清代察哈尔部妇女所戴，造型独特，用料丰富而珍贵，工艺精湛，制作精美，显得雍容华贵，是一件难得的精品，反映了清代内蒙古地区装饰品技艺水平。

银镶珊瑚头饰

清 \ 帽直径21厘米 帽高10厘米 \ 征集

由皮毛制圆顶立檐帽、镶宝石头饰、胸饰组成。帽子顶部有帽结，下垂绣凤鸟纹飘带。头饰由额箍、垂饰、额穗子等组成，额箍由青布底衬，银镶珊瑚花片缝缀于头箍上而成；额前为菱形网格流苏，由珊瑚、松石珠穿成，与头箍缝缀成一体；侧流穗由珊瑚、松石、料珠穿成，末端坠滴水形料珠；两条辫套垂于胸前，垂饰以布为衬底，上缀掐丝镂空银镶嵌珊瑚；胸饰为银鎏金掐丝点翠工艺制成的花卉纹香囊，香囊挂穗由珊瑚、松石珠穿成。此套头饰为清代乌珠穆沁部妇女所戴。

蝙蝠纹银饰件

清＼长55厘米 宽25厘米＼征集

银质。饰件主体部分形似一只蝙蝠，两侧对称分布有祥云纹、鱼纹各一对，下方缀七个铃铛。在蝙蝠纹饰上，还錾刻有人物故事、动物及宝瓶、花卉等纹饰。蝙蝠纹是中国传统的吉祥纹样之一，“蝠”与“福”同音，象征福气来临、洪福齐天等。饰件中同时出现蝙蝠纹和云纹，体现了纹饰组合而成的多重吉祥寓意。

镂空蝙蝠纹银鎏金指甲套

清 \ 长6.15厘米 宽1.49厘米 \ 征集

银鎏金工艺，锤揲弯卷而成，通体细长，自套管至指尖逐渐变细，套管下部中空，表面雕刻蝙蝠纹和祥云纹，有“洪福齐天”的吉祥寓意。下配金丝扣结纹饰，寓意“同心双合，彼此相通”。清代贵族女子多留长指甲，以凤仙花或指甲花染甲，后戴上金属指甲套，以保护其指甲。指甲套修长秀丽，华贵典雅。

椭圆形铜镶葫芦纹玉带扣

清 \ 长9.2厘米 宽6.7厘米 厚1.2厘米 \ 征集

椭圆形，铜镶玉工艺。透雕葫芦绶带祥云纹，葫芦谐音“护禄”“福禄”，其枝茎“蔓”与“万”谐音，“蔓带”与“万代”谐音，寓意“福禄寿”齐全，家族人丁兴旺，子孙万代荣昌。此带扣玉质温润、细腻，雕工精巧。

錾花金簪

清 \ 长9.8厘米 宽1.8厘米 \ 征集

足金质。以模压配合锤揲工艺成型，两头椭圆尖，中间收腰。簪头两端鱼子地纹上錾刻博古纹样，簪背有二戳记，一为“足金”，一为“和成”。造型小巧，成色足，抛光好。双尖簪也称压发扁簪，用以别压髻心，是清末到民国时期妇女常用饰品。

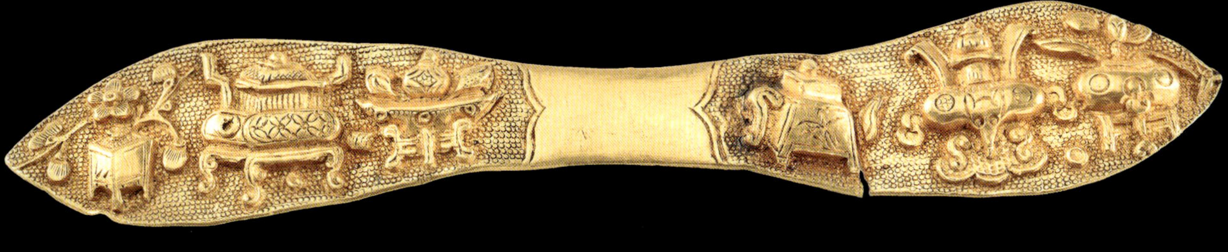

蟠螭龙玉带钩

清 \ 长14.5厘米 宽2.5厘米 厚2.8厘米 \ 征集

白玉质。钩身呈扁薄长条形，略微上弧。钩首雕刻成龙首形状，钩面采用高浮雕与镂空技法雕琢一螭龙，头较短，长鬣后飘，四肢匍匐，脊骨隆起，背部有椭圆形矮纽。玉质细腻温润，刀法精湛，整体造型优美。

螭龙纹玉带钩

清 \ 长11.6厘米 宽2.2厘米 厚2.5厘米 \ 征集

青白玉质。龙首形钩首，嘴微张，龙角、龙眉突出，两角后卷，眼神偏向两旁；腹上有一盘曲状小螭爬行，毛发向后飘拂，面对龙首，四足凌空。线条清晰有力，雕工精细，底部有一椭圆形纽，玉质细腻温润。整体造型优美，故谓之“双龙钩”，有“祥龙教子”的寓意。

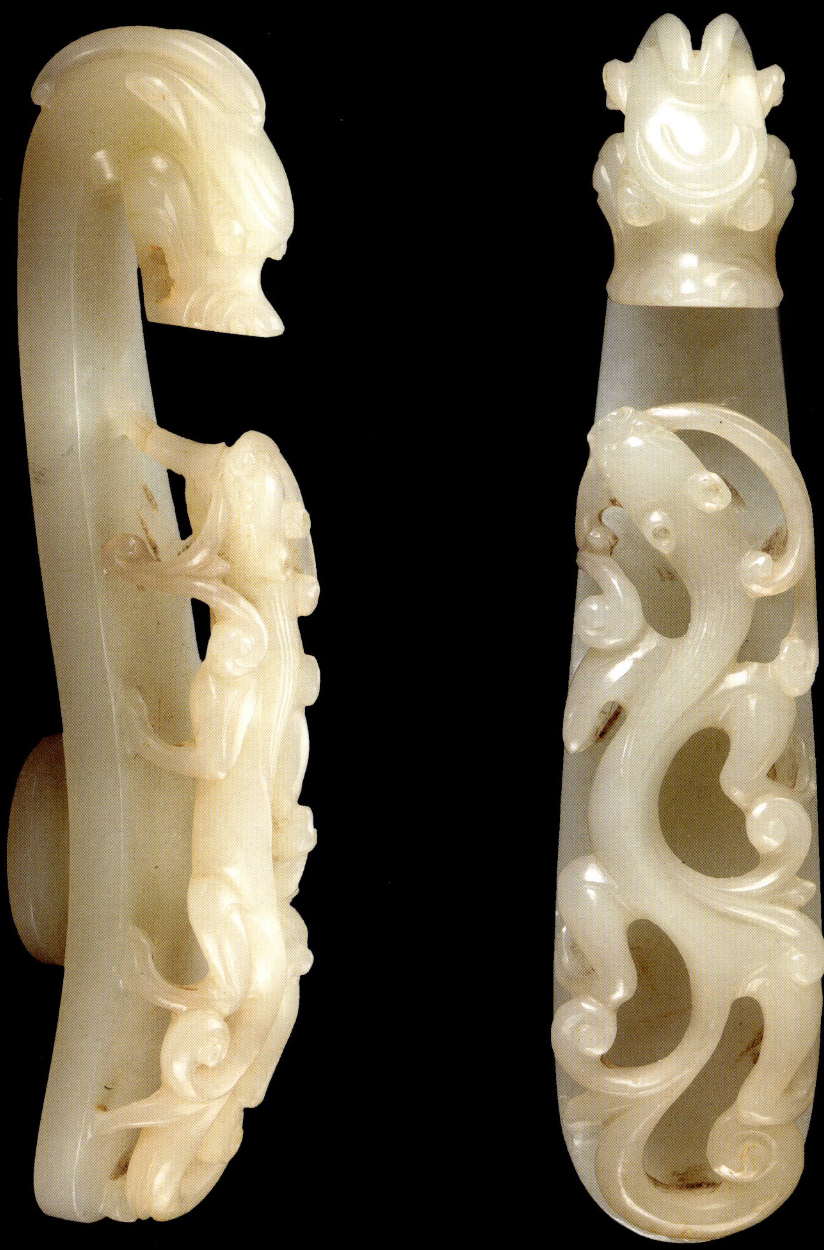

玛瑙巧作鼻烟壶

清 \ 长5.6厘米 宽2.7厘米 高7.6厘米 \ 征集

玛瑙质。胎薄，配珊瑚盖。运用玛瑙天然纹理俏色巧雕出人物故事纹，颜色对比鲜明，形象生动逼真。

玛瑙鼻烟壶

清 \ 长7.6 厘米 宽5.2厘米 高11.1厘米 \ 征集

玛瑙质。素面，左右两侧浮雕双铺首。质地匀净，水润剔透，器大，胎薄，手感轻飘，配红珊瑚盖。质感润泽，色泽柔和，做工打磨精致，质朴美观。

巧雕玛瑙鼻烟壶

清＼长6.2厘米 宽3.7厘米 高7.3厘米＼征集

玛瑙质。壶身两面运用天然玛瑙色泽巧雕猫蝶、福寿图案，有“耄耋富贵”、祈愿老人长寿且多福的寓意。线条流畅优美，刀工技法娴熟。

“乾隆年制”款花鸟纹套料瓶

清 \ 腹径11.4厘米 高21厘米 \ 征集

短颈，直口，长圆形鼓腹，圈足外撇。通体涅白地上套红料，盖上套红雕刻五瓣如意云头纹，盖纽上覆红色叶片纹；瓶体套红凤穿牡丹和菊花纹，中间蝴蝶飘飞，底刻篆书印章款“乾隆年制”四字。此瓶造型典雅，胎质润泽，颜色纯正，纹饰华丽而精细，是乾隆白地套红工艺作品的代表作，亦为乾隆朝清宫造办处套料作品中之佼佼者。

蒙古刀

清＼刀长43厘米 宽3.8厘米 厚2.8厘米；火镰长73厘米 宽10.5厘米 厚1.6厘米＼征集

由刀、刀鞘、挂饰、火镰等组成。刀柄上端包银，錾刻卷云纹图案。刀鞘为木质，上下两端皆包银，上錾刻卷草纹镶珊瑚；配骨筷一双，筷子顶端镶嵌银帽。刀鞘接近刀柄一端侧面有环，栓有银链一根，与银质葫芦形镂雕盘肠纹挂饰连接，下坠火镰。蒙古刀，蒙古语中称“呼图嘎”，是游牧民族常用的餐具。此物图案精美，制作工艺精湛。

蒙古刀

清＼刀长36厘米 宽3.7厘米 厚2.3厘米；火镰长13.3厘米 厚1.3厘米＼征集

由刀、象牙筷、火镰、图海等佩饰组成。刀分为刀身、刀柄、刀鞘三部分，刀身以优质钢为原料打制而成，刀柄为木质，刀鞘为木胎，上下两端皆包银，其上雕蝙蝠、凤鸟、双龙戏珠纹。刀鞘插象牙筷子一双。刀鞘接近刀柄的一端侧面有环，用银链挂火镰和挂饰等。火镰囊袋为牛皮制作，边缘镶嵌月牙形铁，牛皮上镶银质勾云纹。牛皮小包可以打开，内部一般装有乌拉草、火石。挂饰为圆环状，上刻花草纹并镶珊瑚。刀整体做工精细，图案精美。

马鞍

清 \ 马鞍:长58厘米 宽36厘米 厚25厘米；马镫:底长14.6厘米 底宽11.1厘米 高16厘米 \ 征集

木胎。由前鞍桥、后鞍桥、左右鞍翅拼合而成。鞍座呈凹弧形，前鞍桥微直立状，后鞍桥向后倾斜，鞍板面上铺丝织坐垫，前后鞍桥镶银鎏金饰，其上为镂空鎏金双龙戏珠纹，龙身躯盘卷，矫健有力。马镫穿两侧饰镂雕双龙纹，脚踏刻方胜图案。整套马鞍工艺精细，精雕细琢，是实用性与艺术性的完美结合。

彩绘镶骨马鞍

清 \ 长49厘米 宽37厘米 \ 征集

木胎，前后鞍桥及鞍座整体包皮，以红为主色调，配黄、黑、绿等色，彩绘吉祥纹、花卉纹等图案。以牛骨镶边，前鞍桥呈"人"字形，后鞍桥呈椭圆形；前鞍桥处有柄状桩头，便于骑手急转时手握桩头，保持身体平衡。马鞍颜色艳丽，是多元文化融合发展的实物见证。

铜“寿”字纹东布壶

清 \ 口径11厘米 底径18.9厘米 高43厘米 \ 征集

铜质。斜直腹，上窄下宽。壶口为半月形流注，口流外侧有一凸起“寿”字，以三条铜条压边，压边錾刻花卉纹。壶身饰五道铜箍，黄铜如意形执柄，柄下为银制拎环。东布壶最早出现于元代，口小、腹深，具有结实耐用、便于提携和倾倒的特点，是北方游牧民族生活器具。

归化城五十两银元宝

清 \ 高8厘米 长11厘米 宽7.3厘米 \ 征集

银质。仰面似船，表面内凹，錾刻有“归化城”“樊□昌”“宣统 年 月”等印记，以证此钱币的制作时间、使用地点。归化城，即呼和浩特市旧城，明清时期商业繁盛，作为草原丝绸之路和万里茶道的重要节点，货币流通量巨大。这种元宝经关内银匠倾熔改铸而成，又称“归化足宝银”。

木镶螺钿“一品当朝”盒

清 \ 长34.5厘米 宽17.5厘米 高7厘米 \ 征集

木质。长方形，镶嵌螺钿。盖饰双层长方形框，外框四角均用“回”字纹装饰，内框中镶嵌出“一品当朝”楷书四字，其间左右两侧镶嵌八宝纹，上端镶嵌双喜纹，下端镶嵌花卉纹。构图和谐美观、层次分明，体现出清代螺钿镶嵌技术。

紫铜奶桶

清＼底径15.4厘米 口径13厘米 高26.5厘米＼征集

铜质。有盖，盖上铜纽，纽下雕刻花瓣纹。双耳为银制双拎环，桶身饰三道卷云纹银箍。此桶制作精湛，用料考究。

暗八仙纹木胎银碗

清 \ 口径11.8厘米 底径7.1厘米 高4.7厘米 \ 征集

撇口，圈足，以木为胎，外包银制作而成。银上錾刻暗八仙图案，碗内底为镀金龙纹图案，碗底錾刻团寿纹，造型优美，做工精细。

铜鎏金执壶

清＼口径7.5厘米 腹径13厘米 底径9.5厘米 高29厘米＼征集

铜质。一套两件。鎏金，敞口，圆唇，细长颈，长流自上而下渐收。壶柄龙首生动逼真，连片中间装饰一盘肠纹样，不仅美观还能起到加固作用。帽形小盖，宝珠纽，壶腹浑圆，腹身有圆形开光，开光内浮雕“寿”字纹，高圈足。整体造型庄重，做工精细，纹饰刻划细腻。

包银福禄寿纹紫砂提梁壶

民国 \ 长10.5厘米 宽10.5厘米 高11厘米 \ 征集

六方形紫砂胎包银。圆盖、弯流，上有提梁。此壶经设计、制板、选料、裁剪、成型、焊接、整形、抛光、雕刻、再抛光等十几道工序，精工细制而成。壶身六面选用鹤、鹿、寿、花卉等蕴含吉祥寓意的纹图组成银制图案，镶嵌在紫砂壶上。银的白色与紫砂的紫红色泽相映生辉，凸显古朴、高雅的风格。壶盖内及壶底均有“陈鸣远”款。

蓝釉描金龙纹盘

清 \ 直径15厘米 高2.9厘米 \ 征集

撇口，弧壁，圈足。内壁施蓝釉，盘心以金彩绘云龙纹，金彩虽已剥落，纹饰仍依稀可辨；外壁饰白釉；底足书青花“大清乾隆年制”篆书款。釉面匀净，风格素雅清新，是彩瓷与描金工艺结合的体现。

粉彩描金博古纹花口碗

清＼口径16.6厘米 底径6.8厘米 高6.5厘米＼征集

花口，弧腹，圈足。内壁底心饰寿桃纹，外壁环饰博古纹。釉白，胎薄，瓷质细腻，釉彩浓厚。底足内落矾红四字“成化年制”款识。博古图题材在宋明两代蔚然成风，在清代依然流行，成为器物上的一种常见纹饰。此器物为清代仿制 。

粉彩绿釉轧道花卉纹碗

清 \ 口径11.3厘米 底径4.2厘米 高5.6厘米 \ 征集

口微撇，口沿下缓收；弧腹，圈足。口沿描金，内壁施白釉，光素无纹饰；外壁绿地轧道，形成卷羽锦地，间绘花枝摇曳。绿釉沉静庄秀，粉彩雅丽明快，观之宜人。底足书六字三行青花篆书款识“大清乾隆年制”。

霁蓝釉描金花卉纹碗

清 \ 直径9.7厘米 宽9.7厘米 高4.4厘米 \ 征集

撇口，深弧腹，圈足。口沿描金，内壁施松石绿釉，光素无纹；外壁施霁蓝釉，描金彩花卉纹；底足青花方框内书“乾隆年制”四字双行楷书款识。霁蓝釉庄重肃穆，深沉明亮，描金清晰闪耀，交相辉映。

三彩碗

清 \ 口径15厘米 底径6.5厘米 高7.5厘米 \ 征集

敞口，鼓腹下收，圈足；胎薄质坚，器身内外以白釉为底，用黄、绿、紫三色点绘出不规则斑状花纹。内壁底部有暗纹印花，底有蓝色印章款识。釉彩莹润，设色雅丽，颜色渐变自然和谐。

酱釉青花二龙戏珠纹碗

清 \ 口径11.9厘米 底径5.9厘米 高5.4厘米 \ 征集

口沿微外侈，深腹，圈足。内壁施白釉，绘青花海草金鱼纹；外壁以白釉为底，饰青花二龙戏珠、祥云纹，留白处施酱釉；底足内书青花二行四字“成化年制”款。整器青花色泽浓郁，线条精细流畅；龙纹生动矫健，气势昂扬。此器物为清代仿制。

粉彩描金花卉纹花口盘

清 \ 其一：直径10.3厘米 底径8.6厘米 高2.1厘米；其二：直径6.8厘米 底径3.8厘米 高2.2厘米 \ 征集

花口，口沿外侈，盘壁呈花瓣形，各瓣间分棱，由中心向外凸起，圈足。胎体轻盈而不失质感，器形别致独具风貌。通体施白釉，口沿描金，盘心以粉彩绘福寿纹，以弦纹间隔，外周绘花卉纹。构图层次分明，充满立体感，丰富的色彩搭配令整体的格调显得明快亮丽，艳而不俗。

粉彩蓝地轧道皮球花纹盘

清 \ 口径15.2厘米 底径9厘米 高2.9厘米 \ 征集

敞口，浅斜直壁，圈足。盘内壁施轧道工艺，蓝釉粉彩绘皮球花纹；花纹形状各异，变化多端，无一雷同。底足内有青花篆书“大清嘉庆年制”款识。颜色粉润柔和，不规则的布局与丰富的色彩共同营造出别致而清新的美感。

浅绛彩仕女纹九子攒盘

清 \ 长27厘米 宽27厘米 高1.7厘米 \ 征集

整体呈方形。壁浅坦，盘面平整，由一主四副四边组合而成。从里到外二到三层大小渐变、方向不同。最里层是一方形主盘；第二层由四个梯形副盘围绕主盘组成；第三层叫边盘，为紧扣副盘、形体较大的四件梯形盘。组盘均进行倭角处理，既可有效避免直角变形的可能，更为拿取攒盘留出必要空间。九盘均施白釉，并运用浅绛彩中的“水点桃花”技法，在各盘内饰“桃花美女”纹饰。组盘外部配以紫檀木盒相盛。

粉彩赤脚迎许故事瓶

清\口径15厘米 底径14.5厘米 高44厘米\征集

撇口，束颈，丰肩，瓶身微收，通体白釉粉彩装饰。颈部绘饰灵芝；器身绘饰“赤脚迎许”典故。施彩淡雅，所绘人物形象生动传神。“赤脚迎许”典故出自《三国演义》，讲述了官渡之战时，袁绍猜忌谋士许攸，许攸便投奔曹操，曹操听闻许攸来了，连鞋都来不及穿就跑出帐外迎接，刻画了曹操惜才、爱才，求贤若渴，礼贤下士的形象，体现出中华民族优秀文化与价值观。

墨地素三彩人物纹四方瓶

清 \ 口径14.3厘米 底边长12.7厘米 底边宽15.5厘米 高49.5厘米 \ 征集

撇口，短颈，方折肩，全身墨地；瓶身四面描绘了文人墨客琴棋书画的场景；底部细砂底，青花楷书“大清康熙年制”款识；清晚期仿康熙墨地素三彩。墨地三彩是瓷器素三彩的一种，制作时先在器上施以绿釉，复施黑釉，即为墨色地；两种釉色配合，达到墨地光亮鲜明的效果；再在黑釉面上勾描图案，加绘黄、绿、紫三彩。制作工艺繁琐，成品层次分明，画面自然。

五彩指日高升纹将军罐

清 \ 口径13.5厘米 腹径25厘米 底径15厘米 高38厘米 \ 征集

直口，丰肩，敛腹；平面砂底；附宝珠顶高圆盖。器身彩绘“指日高升”图案，人物以纤细、劲挺线条勾勒。整个画面用彩沉稳，设色丰富而不浮躁，技巧精湛。指日高升为传统寓意图案，通常绘一官吏，冠饰彩带，神情得意，意即不日升官，其在瓷器纹饰中使用广泛。

粉彩缠枝花卉牡丹纹将军罐

清 \ 口径20.9厘米 腹径23厘米 底径19.5厘米 高63厘米 \ 征集

直口，短颈，丰肩，腹斜收；圈足，平底，双蓝圈底。腹部主题纹饰为牡丹纹；底纹用蓝料彩，白釉做云纹装饰。用彩明艳，勾描细致，色阶层次自然，运彩浓淡相宜。牡丹有富贵、吉祥等寓意；缠枝纹亦为我国传统瓷器装饰纹样之一。牡丹缠枝，寓意富贵延绵。

霁红釉天球瓶

清 \ 腹径21.3厘米 高39厘米 \ 征集

直口，长颈，丰肩，鼓腹；腹底下收，卧足，底部微凹；通施红釉，器型周正，釉面肥厚滋润，颜色鲜艳华贵。霁红又称祭红，是以铜元素作着色剂，经高温还原气氛烧成的红釉。在单色釉瓷器中，高温铜红釉烧成难度较大，故成为我国单色釉中的名贵品种。

五彩堆塑鱼龙纹天球瓶

清＼腹径35.5厘米 高54厘米＼征集

直口，长颈，鼓腹，卧足。器型大气，胎质坚致，拉坯规整。通体白釉为底，采用五彩与堆塑工艺装饰鱼龙纹。鱼、龙是器物中常见的吉祥图案，取材于古代“鲤鱼跃龙门”的传说。堆塑又称“塑贴”“堆雕”，是将印出或塑出的立体状纹饰贴附在陶瓷的坯胎上，然后罩釉烧制而成的一种陶瓷装饰技法。

翠嘴镶铜旱烟袋

清 \ 烟杆长44.5厘米 袋长28厘米 银饰长66.5厘米 \ 征集

由翠、银、铜、木等制成。翠质烟嘴，质地细腻，水润充盈，颜色艳丽。烟杆中间为木质。下接铜镶银质烟锅。储烟袋（烟荷包）由黄色龙纹绸缎制成，用银链扣夹将储烟袋和银烟磕、烟锅针等配饰连接在一起，便于随身携带。

三镶木如意

清 \ 长46厘米 最宽处12厘米 最窄处5厘米 高7.3厘米 \ 征集

木质。外形弧曲圆浑，柄身通体打磨光滑，首、身、尾镶嵌三块木雕瓦子。如意首雕人物故事纹样，中腹、尾部雕刻盘肠纹。如意，即如人之意，在明清时期，以灵芝造型为主的如意渐为盛行。三镶如意形制始创于乾隆时期，后逐渐成为清代中后期如意的典范。

石雕三羊开泰摆件

清 \ 长13.2厘米 宽5.4厘 高7.1厘米 \ 征集

寿山石质。圆雕。以一块整料雕刻一大二小三只卧羊。大羊呈卧伏状，回首，双角向后弯曲至脖颈，四肢均收于腹下；两只小羊，左右各一爬至大羊后背，活泼可爱，姿态温和平顺。三羊开泰为我国传统吉祥图案之一，亦称“三阳交泰”，有太平盛世、国泰民安的寓意。

雕蟋蟀瓢虫纹象牙摆件

清 \ 长11.6厘米 宽5.2厘米 厚1.7厘米 \ 征集

象牙质。整体加工而成，以象牙本色为地雕刻出白菜叶的脉络和纹理，叶上雕刻蟋蟀、瓢虫。白菜谐音“百财、发财”，蟋蟀寓意一夜成名（鸣），七星瓢虫是无忧无虑、自由自在生活的象征，也有“禄”的意思。此摆件构思精巧，也可作文房摆陈之用。

铜鎏金莲花生像

清 \ 底径6.76厘米 高23.1厘米 \ 征集

铜鎏金质。主尊结跏趺坐于莲花台上，头戴折檐帽，帽檐正中雕日月纹；颈佩嵌宝项圈，胸饰瓔珞。身着长袍，袈裟边缘錾刻细密繁复的缠枝莲纹和翻卷浪花纹。右手结期克印，安放在胸前；左手作托物状。

度母唐卡

清＼长46厘米 宽36厘米＼征集

绢质。主佛头戴宝冠，一面二臂，身着菩萨装，坐于莲台上。左腿呈卷曲状，右腿向下舒展。右手置于右膝上，掌心向外作施与愿印。左手置于胸前，手持花，形象慈祥庄严。

铜鎏金白度母像

清 \ 长47.5厘米 宽33.2厘米 高68厘米 \ 征集

铜鎏金质。度母双腿盘坐于莲花座上。高发髻。上身袒露，胸佩瓔珞，臂戴钏，身披帛带，自双肩垂下，绕过手臂向上飘扬。右手向外置于右膝上结施与愿印，左手置于胸前作说法印。佛像做工精致，富有动感。

铜鎏金白度母坐像

清 \ 长7.6厘米 宽5.9厘米 高10.7厘米 \ 征集

铜鎏金质。头戴宝冠，颈饰璎珞，身披帛带，上身袒露，下着裙。左手当胸结说法印，右手置膝上施与愿印。工艺规整，制作精美。

铜鎏金骑鹅护法像

清 \ 佛龛宽6.4厘米 厚3.1厘米 高6.2厘米；佛宽3.8厘米 厚1.8厘米 高4.5厘米 \ 征集

铜质。龛内供铜鎏金骑鹅护法神像。护法神为四面佛母，结跏趺坐于鹅驮浮的莲座上。佛母戴宝冠，袒上身，胸饰璎珞。身姿婀娜，面相清秀，眉间开天眼；佛龛整体呈宝塔形，表面装饰一梵文字，又称“嘎乌”，为藏传佛教信徒随身携带奉佛用物。

杵纹护法镜

清 \ 直径22厘米 厚1厘米 \ 征集

铜质。圆形。顶端有鋈银铁提环。法镜中心为十字形杵纹，环绕其外的花瓣组成四组盛开的莲花纹，边缘环饰卷云纹，间饰宝珠。法镜背面整体蒙皮，组成完整个体。

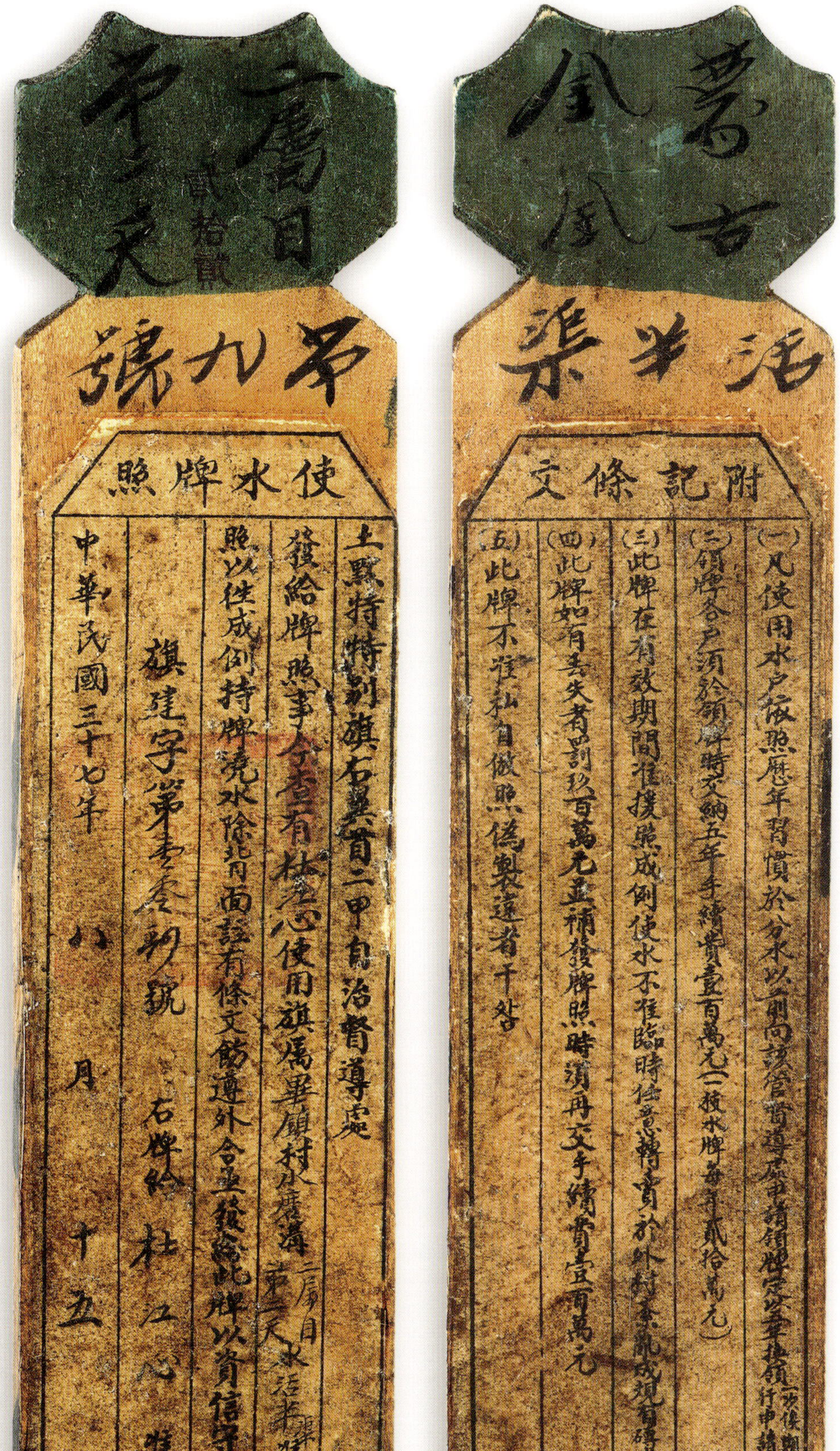

土默特旗使水牌照

民国 \ 长28厘米 厚1.5厘米 \ 征集

木制。打磨光滑。用绿色、原木本色区分首部和主体部分，首部造型似双翅展开的蝙蝠，主体为长方形。正反面都有内容。内蒙古大部分地区属于半干旱气候，水对于农牧业十分重要。使水牌照是政府针对用水秩序的混乱状况所推出的一项应对措施，意在规范水资源使用。

铜胎珐琅座钟

民国 \ 长21厘米 宽14厘米 高37厘米 \ 征集

铜质。西式钟表，上为喷泉式穹窿顶，中间有四根珐琅立柱，立柱间安有玻璃，下为护栏式台座。内部悬挂圆形古罗马数字表盘。这件座钟带有鲜明的西方文化元素，应为广州制作。广州不仅是民间钟表制造的中心之一，也是国内最早出现西洋钟表的地方。

孔雀蓝釉凤凰摆件

民国 \ 长12.3 厘米 宽12.3厘米 高39厘米 \ 征集

瓷质。一套两件。凤、凰各立于花枝上。身施孔雀蓝釉。形象立体，活灵活现。孔雀蓝釉是由铜矾等化合物在釉面中熔融而成的。因铜矾的成分、分布不稳定，使得孔雀蓝釉需要经过多次调试才能达到理想的颜色效果。“凤凰”是中国古代神话中的百鸟之王。通常人们把雄鸟称为“凤”，雌鸟称为“凰”，常用来象征祥瑞。凤凰齐飞是吉祥和谐的象征，自古就是中国文化的重要元素。

银烧蓝镶珊瑚头饰

民国 \ 长70厘米 宽28厘米 \ 征集

由头箍、额穗、颊侧饰、后屏、连垂饰等几部分组成。头箍上下两边缀两排珊瑚珠，中间用十个錾花银烧蓝镶珊瑚横排钉缀而成；额穗由银、珊瑚珠穿成，依眉心呈人字形散开；后屏是头饰的后片，上窄下宽呈凸字形，上面缀满排列整齐的红珊瑚珠，上中下三部位各有方形或长条形嵌珊瑚、松石银烧蓝饰件；后小片垂于耳后左右，缀满珊瑚、松石珠，上面有方形银烧蓝镶珊瑚、松石装饰；颊侧饰是由银珠、珊瑚和松石珠混穿成的流穗，左右对称，每边十条，长至肩下，尾端吊银铃，行走起来叮当作响；连垂饰由裹发扇、垂饰、飘带组成。

这套头饰造型华美，工艺精湛，用料考究，体积和重量都超过其他部落，因此有“头饰之冠”美称。反映了民国时期内蒙古鄂尔多斯地区妇女的审美追求，其制作用料及工艺是各民族多元文化交流、融合的结晶。

嵌珊瑚查玛面具

民国 \ 长54厘米 宽34厘米 高46厘米 \ 征集

面具所表现的应是大威德金刚，以纸浆裱糊成模型，表面饰满珊瑚粒。头戴法冠，顶部饰金刚杵。额中生一眼，三目圆瞪，阔鼻上翻，张口吐舌，獠牙外呲，作愤怒相。火焰状眉毛及口旁吐出的火焰纹以金漆描绘。

人物故事纹象牙折扇

民国＼扇骨：半径27.7厘米 宽2.5厘米 扇厚3.5厘米；盒：长33.5厘米 宽10厘米 高7厘米＼征集

折扇由扇面和16根象牙扇骨组成。其中首末两边扇骨较厚，透雕人物、亭台楼阁、花卉图案，精雕细刻，线条分明。扇面用天然矿物颜料彩绘人物故事，人物面部用螺钿装饰，78位人物神态各异，惟妙惟肖。折扇色彩艳丽，做工绮丽精巧。长方形扇盒表面涂乌漆，装饰描金人物、花卉图案。这件折扇是广州十三行工匠制作的外销扇，广州是海上丝绸之路的重要节点，随着东西方文化交流互通，产品带有明显中西合璧风格。

后记

《呼和浩特博物院院藏文物集萃》是一本图文并茂描绘呼和浩特城市历史、文物的图书，也是呼和浩特博物院成立后第一本文物类专著。呼和浩特的历史源远流长，文物遗存丰富多彩，这些厚重的文物遗存印证了呼和浩特自古以来就是伟大祖国的一部分，开放交流、异彩融合的亮丽篇章，彰显出呼和浩特悠久的历史和深厚的文化底蕴。历史上，多元文化在此碰撞、交融、共存，不同民族在此生息繁衍，各民族共同团结奋斗、繁荣发展，形成了你中有我、我中有你、谁也离不开谁的民族融合格局，是建设中华民族共有精神家园的生动写照。编写本书正是我们认真践行铸牢中华民族共同体意识的生动实践，也是讲好我们自己的城市文化故事的积极行动。

在本书出版之际，感谢内蒙古自治区文化和旅游厅、内蒙古自治区文物局、呼和浩特市委市政府、呼和浩特市委宣传部、呼和浩特市文化旅游广电局等上级部门对呼和浩特博物院机构改革后各项工作的大力支持和帮助。在此向各位领导同事致以诚挚谢忱！

今后，呼和浩特博物院将继续依托院藏文物特色，实现文物资源、人员、资金、人才储备、运营模式一体化发展，有效推进博物院运营管理和模式，通过精品化的展览、高质量的服务、多层次的活动提高博物院藏品研究阐释和展示传播水平。通过国内外馆际合作，举办各类不同内容专题展览和交流展览，充分展示生活在呼和浩特这片土地上的各民族共同团结奋斗、共同繁荣发展的壮丽史诗，大力弘扬中华优秀传统文化，打造北疆文化品牌，为铸牢中华民族共同体意识贡献力量。

我们相信：《呼和浩特博物院院藏文物集萃》的出版，一定会推进呼和浩特文化研究的深化和文物保护工作的强化，推动城市文化遗产的传承和研究进入新阶段。虽然经过多处修改、校对、补充，但书中仍可能有欠缺、谬误之处，敬请专家和读者批评指正。

编者

2024年7月

图书在版编目（CIP）数据
呼和浩特博物院院藏文物集萃 / 呼和浩特博物院编 ；
武高明主编. -- 北京 : 文化艺术出版社, 2024. 7.
ISBN 978-7-5039-7672-8
I. K873.261
中国国家版本馆 CIP 数据核字第 202404BG73 号

呼和浩特博物院院藏文物集萃

编　　者　呼和浩特博物院
主　　编　武高明
责任编辑　董良敏
责任校对　董　斌
书籍设计　塞上博古文化艺术策划设计工作室
出版发行　文化艺术出版社
地　　址　北京市东城区东四八条52号(100700)
网　　址　www.caaph.com
电子邮箱　s@caaph.com
电　　话　(010) 84057666 (总编室)　84057667 (办公室)
　　　　　84057696—84057699 (发行部)
传　　真：(010) 84057660 (总编室)　84057670 (办公室)
　　　　　84057690 (发行部)
经　　销　新华书店
印　　刷　北京启航东方印刷有限公司
版　　次　2024年8月第1版
印　　次　2024年8月第1次印刷
开　　本　889毫米x1194毫米 1/8
印　　张　30
字　　数　70千字　图片390余幅
书　　号　ISBN 978-7-5039-7672-8
定　　价　460.00元